Ehrler - Proportion und Poesie

Hanno Ehrler

Proportion und Poesie

Der Kosmos des Komponisten
Erwin Koch-Raphael

Bibliografische Information der Deutschen Nationalbibliothek
Die Deutsche Nationalbibliothek verzeichnet diese Publikation in der
Deutschen Nationalbibliografie; detaillierte bibliografische Daten sind im
Internet über http://dnb.d-nb.de abrufbar.

978-3-95983-555-8 (Paperback)
978-3-95983-556-5 (Hardcover)

© 2017 Schott Music GmbH & Co. KG, Mainz

www.schott-buch.com

Umschlagfoto: Hanno Ehrler
Printed in Germany

Inhalt

Danksagung

Dieses Projekt wurde von vielen Personen unterstützt, bei der Finanzierung, bei Recherche und Korrekturlesen und durch Textbeiträge, von denen die meisten eigens für dieses Buch geschrieben wurden (Kapitel 7). Ich danke (in alphabetischer Reihenfolge) Manuel Berdel, Joachim Burckhardt, Lynda Anne Cortis, Florian Edler, Christiane Hauert, Rolf Hegelin-Henschel, Hans-Joachim Hespos, Angelika Hofner, Gebhard Hofner, Adriana Hölszky, Georg Koch, Eva Koethen, Bernhard Kontarsky, Anke Kujawski, Gisela Lehrke, Ralf Michaelis, Georg Mondwurf, Hubert Moßburger, Ulrich Mückenberger, Meinrad Mühl, Jan Müller-Wieland, Klaus Obermeyer, Christoph Ogiermann, Daniel de Olano, Axel Reichardt, Elmar Rixen, Solf Schaefer, Gerd Scherm, Herbert Schmitz, Jeremias Schwarzer, Marion Seevers, Walter-Wolfgang Sparrer, Dominik Susteck, Wilfried Wiemer und Helen Wilde.

Der Abdruck von Erwin Koch-Raphaels Texten wurde durch die bereitwillige Genehmigung der Hannoverschen Gesellschaft für Neue Musik, des ZeM Freiburg und der Neuen Zeitschrift für Musik ermöglicht.

Besonderer Dank gilt dem Kulturamt der Stadt Bremerhaven für die freundliche Förderung des Projekts.

Vorwort

Es war in Frankfurt im Sommer 1991, als ich Erwin Koch-Raphael kennenlernte. Er war einer von vier Komponisten, die beim ersten »Response«-Projekt des Ensemble Modern mitarbeiteten. Die Komponisten gingen zusammen mit den Musikern an Frankfurter Schulen, stellten den Kindern und Jugendlichen neue Musik vor und animierten sie, selbst zu komponieren. Die Stücke der Schülerinnen und Schüler wurden dann von den professionellen Musikern des Ensembles aufgeführt.

Einige dieser Konzerte fanden im repräsentativen Rahmen der Frankfurter Alten Oper statt. Damals, als ich Erwin dort auf der Bühne sah und in Aktion erlebte, spürte ich bereits seine intensive persönliche Ausstrahlung. Dass sich aus dieser Begegnung eine Freundschaft entwickeln würde, wusste ich allerdings noch nicht.

Ich war journalistisch in Sachen Berichterstattung über das »Response«-Projekt unterwegs und kam dadurch mehr oder weniger zwangsläufig mit Erwin ins Gespräch. In dieser Zeit war er bereits Hochschullehrer in Bremen und erzählte mir über die Bremer Neue-Musik-Szene und die »projektgruppe neue musik bremen« (pgnm). Im November des gleichen Jahres würde sie ihre erste Tagung veranstalten, über das Streichquartett in der zeitgenössischen Musik. Das interessierte mich, und so kam es ein halbes Jahr später zu einem zweiten Zusammentreffen. Von da an wurden unsere Gespräche häufiger und auch persönlich.

In Frankfurt hörte ich Erwins Musik zum ersten Mal. Mich mit ihr anzufreunden dauerte jedoch eine Weile. Ich kannte zwar die inhaltlichen Ideen einiger Werke, nahm aber mehr die Klangoberfläche als ihren Gehalt wahr. Ihr vom klassischen Instrumentarium geprägter Ton konnte mich seinerzeit noch nicht so richtig fesseln. Erst Jahre später eröffnete sich mir, wie sich die Substanz der Musik im Klangbild äußert, und ich begann, mich näher mit Erwins Werken zu beschäftigen. Daraus resultierten zwei Rundfunksendungen, ein Lexikonartikel über den Komponisten und die Idee zum vorliegenden Buch.

Denn ich denke, es ist an der Zeit, das Schaffen dieses Komponisten zu würdigen. Erwin Koch-Raphael gehört der dritten Komponistengeneration nach dem Zweiten Weltkrieg an und hat sich in der Szene der neuen Musik mit einer eigenen, selbstständigen Stimme behauptet. Von Werk zu Werk entfaltet er andere und neue Musikwelten. Seine Arbeiten sind formal und kompositionstechnisch vielfältig und lassen sich keiner aktuellen Strömung oder Stilrichtung zuordnen. Das ist gewissermaßen das Markenzeichen seines Komponierens.

Außerdem beschäftigt sich der Komponist nicht nur mit Musik, sondern ebenso intensiv mit naturwissenschaftlichen, philosophischen und gesellschaftspolitischen Themen. Sie bewegen ihn im Innersten und treiben ihn zum Komponieren an. Und sie sind die Themen seiner Werke, wodurch sich seine vielperspektivischen Interessen in den Kompositionen niederschlagen. Mit seiner Musik verankert sich Erwin Koch-Raphael in der Welt, und davon möchte dieses Buch erzählen.

Im ersten Kapitel werde ich die wichtigsten Lebensstationen des Komponisten skizzieren: Jugend und Ausbildung und wie es überhaupt dazu kam, dass er sich für den Beruf des Komponisten entschied. Auch soll ein Blick auf sein Alltags- und Arbeitsleben und prägende Begegnungen mit Musikerkollegen sowie Menschen anderer Professionen geworfen werden.

Von größter Bedeutung für Erwin Koch-Raphaels musikalische Arbeit ist sein Gedankenkosmos. Ihm ist das zweite Kapitel gewidmet. Es handelt von seiner Beschäftigung mit der westlichen Natur- und Geisteswissenschaft und, nicht weniger intensiv, mit der asiatischen Philosophie. Er hat sich tief in diese Geisteswelten eingearbeitet und verfolgt die neuesten Entwicklungen vor allem in der Physik und in der Philosophie. Seine Auseinandersetzung mit der Welt und dem Wesen unserer Existenz hat einen unmittelbaren Einfluss auf seine Kompositionstechnik und prägt seine Vorstellung davon, was überhaupt Komponieren und was Musik ist.

Im dritten Kapitel stelle ich die Kompositionstechnik vor, die Erwin Koch-Raphael entwickelt hat, und im vierten versuche ich, der Positionierung des Komponisten in der Szene der zeitgenössischen Musik nachzuspüren.

Das fünfte Kapitel enthält eine ausführliche Beschreibung einiger Werke aus dem Konvolut an Kompositionen, das bis heute auf insgesamt 159 angewachsen ist. Die Stücke werden chronologisch dargestellt und spiegeln damit Erwin Koch-Raphaels kompositorische Entwicklung. Sie gehören verschiedenen Genres an und vermitteln, so hoffe ich, ein repräsentatives Bild von der Kompositionsweise und auch von den Inhalten der Musik.

Im sechsten Kapitel kommt der Komponist selbst mit einigen Texten zu Wort. Ich denke, seine Diktion, seine besondere Art zu formulieren, bringt uns seine eigenwillige Gedankenwelt noch ein Stück näher. Im siebten Kapitel folgen Kommentare und Gedanken von Freunden und Kollegen. Es sind Zeugnisse der Wertschätzung, die Erwin Koch-Raphael entgegengebracht wird.

Der bibliografische Apparat schließlich verzeichnet so vollständig wie möglich Erwin Koch-Raphaels Werke, seine Texte und die Schriften über den Komponisten.

So hoffe ich, ein Bild zu zeichnen, das nicht nur einen Komponisten, sondern vor allem einen Menschen zeigt, der sich mit der Welt, in der er lebt, intensiv auseinandersetzt. Denn Erwin Koch-Raphaels Musik ist von seinem Menschsein nicht zu trennen. Sie ist ein Teil davon und spiegelt ihrerseits den Menschen wider.

Hanno Ehrler, 2017

1. Biografische Skizze

1.1 Das Zeichen im Chaos

»Ich bin die ›Schechinah‹ (Wohnstatt) des kosmischen Chaos schlechthin! Immer schon gewesen. Ich bin schwer vernünftig darstellbar und wohl auch kaum noch zu retten«, schrieb Erwin Koch-Raphael 2017 in einer E-Mail an den Autor. Tatsächlich sind das Leben, Denken und Arbeiten des Komponisten dicht, verschlungen, vielschichtig und keineswegs nur auf Musik fixiert. In diesem Sinn lässt er sich in der Komplexität des Weltenchaos treiben und von ihm inspirieren. Sein Denken und Empfinden bewegt sich in einem vielschichtigen Geflecht aus Rationalität, Korrespondenzen, Synchronizitäten, Analogien, Symbolen, Mythen und Zeichen.

Ein solches Zeichen war für ihn der 11. Oktober 1972. An diesem Tag fand seine erste Unterrichtsstunde beim Komponisten Isang Yun statt. Es war Koch-Raphaels 23. Geburtstag, und der Tag markiert zugleich den Zeitpunkt, von dem an er, geboren 1949 in Kempen am Niederrhein als drittes von vier Kindern, endgültig eine Laufbahn als Komponist einschlug. Außerdem hatte er einen Lehrer gefunden, der als sein Mentor wirkte und prägenden Einfluss auf seine geistige Entwicklung hatte. Der Komponist empfindet es als schicksalhafte Synchronizität, dass es ausgerechnet sein Geburtstag war und schreibt zudem der Zahl 23 eine quasi magische Bedeutung zu; über sein Verhältnis zu Zahlen wird noch die Rede sein.

1.2 Der Weg zur Musik

Mit Musik kam Erwin Koch-Raphael schon früh in Berührung. Sie war im Elternhaus ständig präsent. Regelmäßig hörte man im Kreis der Familie Radioausstrahlungen von Opern. An diese Abende erinnert sich Erwin Koch-Raphael noch gern zurück. Mit seiner Mutter besuchte er Konzerte im benachbarten Krefeld. Vor allem aber war sie Erwin Koch-Raphaels erste Zuhörerin, als er im Kindesalter die im Haushalt vorhandenen Liederbücher der Reihe nach und mit selbst erfundenen Überleitungen auf dem Klavier interpretierte. Das ermutigte ihn, täglich ein bis zwei Stunden am Klavier zu improvisieren. Bereits da begann er, sich kreativ mit Musik auseinanderzusetzen und harmonisierte eigenständig Lieder. Das sei ihm einfach so von der Hand gegangen, sagt Erwin Koch-Raphael. Ganz offenbar entfaltete er bereits als Kind kompositorische Fantasie und hatte das Bedürfnis, diese auszuleben. Aus heutiger Sicht scheint es dem Komponisten, dass er Musik als Begabung – er selbst bezeichnet es als Geschenk – schon immer in sich getragen habe.

Erwin Koch-Raphaels sieben Jahre ältere Schwester erkannte das Talent ihres Bruders und bemühte sich um guten Klavierunterricht. Mit acht Jahren begannen die

Das Geburtshaus in Kempen in der Siegfriedstraße 5.

Klavierstunden, mit 13 nahm Erwin Koch-Raphael die Geige dazu, und Orgelspielen brachte er sich autodidaktisch bei. An der Kirchenorgel der Paterskirche seiner Heimatstadt Kempen (heute Kulturforum Franziskanerkloster) leistete er zwischen 1964 und 1968 regelmäßig Dienste und hatte auch da schon früh den Drang, nicht nur nach Noten zu spielen, sondern auch Eigenes zu versuchen und zu improvisieren. Außerdem sei ihm des Öfteren nichts anderes übrig geblieben, da er keine Zeit gehabt habe, für die Orgeldienste zu üben. In seiner Berliner Zeit setzte er diese Tätigkeit fort und vertrat häufig den Organisten Peter Schwarz an der Kaiser-Friedrich-Gedächtniskirche.

Vom Taschengeld, das er sich durch das Orgelspielen erarbeitet hatte, kaufte er sich einen Plattenspieler, ein Radio, Tonbandgeräte, Tonbänder und Schallplatten; die beiden ersten waren »Paint it, black« von den Rolling Stones und die 6. Sinfonie »Pathétique« von Piotr Tschaikowski – bezeichnenderweise Musikstücke aus zwei völlig verschiedenen Genres.

In der Schule inspirierte ihn der Musiklehrer und Kirchenmusiker Hans Schlosser mit Analysen klassischer Stücke, unter ihnen Ludwig van Beethovens 3. Sinfonie »Eroica«, Johannes Brahms Klavierkonzert Nr. 1 sowie Lieder von Franz Schubert und Carl Loewe. Koch-Raphaels zweiter Klavierlehrer Leo Meeners hatte mit seinen Schülerinnen und Schülern ein Orchester gebildet und dafür eigene Partituren erstellt. Es handelte sich um Arrangements von bekannten Volksmusikstücken oder Kompositionen alter Meister für die jeweils vorhandenen Instrumente seiner privaten Musikschule. Diese Arrangements wurden in Freiluftkonzerten an der Kempener Burg aufgeführt. In der Kleinstadt Kempen war das ein Ereignis, das große Aufmerksamkeit erregte.

Erwin Koch-Raphael sang im Schul- und Kirchenchor und führte diese Tätigkeit als Erwachsener fort, im Universitätschor der Technischen Universität Berlin und im Laienchor Berliner Cappella. Er wirkte im Schultheater des Kempener humanistischen Gymnasiums »Thomaeum« mit und war dort als Pianist fester Bestandteil der musikalischen Begleitung.

Darüber hinaus prägten zwei Jugendfreunde seine Erfahrungen mit Musik. Mit beiden hörte er beinah täglich Schallplatten. Einer von ihnen, Elmar Rixen, war ausschließlich an »klassischer« Musik interessiert und verabscheute geradezu leidenschaftlich Popmusik. Für diese begeisterte sich, ebenso ausschließlich und leidenschaftlich, der andere, Helmut Winter. Außerdem besuchte Koch-Raphael »geradezu süchtig«, wie er sagt, den Kempener Jazzkeller, da ihn diese Art von Musik noch mehr faszinierte als Rock und Pop. Später in Berlin hörte er gern Jazzkonzerte unter anderem mit Peter Brötzmann, nach dessen Spielart ein Satz des Klarinettenquartetts »composition no. 48« komponiert ist. Nur die komponierte zeitgenössische Musik interessierte ihn damals kaum, da er sie »zu wenig musikalisch« fand. Das änderte sich 1969, ein Jahr nach dem Umzug nach Berlin, als er eher zufällig im Berliner Theater des Westens eine Aufführung von Isang Yuns Oper »Der Traum des Liu Tung« miterlebte.

So kannte und schätzte Erwin Koch-Raphael bereits früh ein breites Repertoire. Die Offenheit sehr unterschiedlicher Musik gegenüber hat er bis heute beibehalten. Sie äußerte sich sogar im eigentlich traditionellsten musikalischen Bereich, den Orgeldiensten. Dort scheute er sich nicht zu improvisieren und außergewöhnliche Stücke aus der Renaissance und der Moderne zu spielen, darunter György Ligetis 1962 entstandene Orgelkomposition »Volumina«. Nicht zwangsläufig also führte Erwin Koch-Raphaels Weg zur komponierten Musik. Damals hätte er genauso Pop- oder Jazzmusiker werden können, und manchmal hört man im Gespräch mit ihm ein wenig Bedauern darüber heraus, dass es dann doch »nur« die E-Musik geworden ist.

Später, in seinen Berliner Jahren, besuchte er häufig das SO 36, ein berühmter Berliner Klub, in dem seinerzeit Punkgruppen auftraten. Erwin Koch-Raphael begeisterte sich unter anderem für die Gruppe Deutsch Amerikanische Freundschaft. »Wenn man im SO 36 war, dann vibrierte der ganze Körper bis in die Haarspitzen. Die Lautsprecher waren ständig verzerrt, dann die hohe Luftfeuchtigkeit, die starken rhythmischen Impulse und natürlich das dazugehörende Rumhüpfen waren ein ziemlich beeindruckendes Erlebnis. ... Was mich an Punk fasziniert hat, war die Klanglichkeit, die dahinter steckte sowie das avantgardistische Konzept ... Das war eine Popularmusik, die man eigentlich gar nicht mehr so nennen kann, die auf Dissonanzen, auf Geräusch und auf direkter unmittelbarer physischer Wirkung aufgebaut hat.«[1]

1.3 Der Name

Bis zu seinem 19. Lebensjahr lebte Erwin Koch-Raphael in Kempen am Niederrhein. Damals hieß er noch Erwin Koch. Dass er seinem Namen einen Zusatz gab, war einer bürokratischen Notwendigkeit geschuldet. Als der Komponist sich 1974 bei der GEMA anmelden wollte, waren dort bereits so viele Erwin Kochs registriert, dass kein weiterer mehr unter diesem Namen aufgenommen werden konnte.

Dass der Komponist den Zusatz »Raphael« wählte, hat wie fast alles in seinem Leben eine Bedeutung, zumindest für ihn selbst. Der hebräische Begriff »Raphael« bedeutet »Gott heilt« oder »Medizin Gottes«. Erwin Koch-Raphael verbindet diese Vorstellung mit der Überzeugung, dass seine Musik eine bestimmte Aufgabe hat. Sie soll eine Art Medizin sein und den Menschen zeigen, worin ihre Bestimmung, ihr existenzielles Glück liege: nämlich Heil und Sinn in das Chaotische des Universums zu bringen. »Der Künstler arbeitet, ob er es weiß oder nicht, Seite an Seite mit seiner Gesundheit. Die Entwicklung eines Stils und eines Werkes, die er in der Jugend beginnt, wird zu einem Teil seines eigenen Gesunderhaltungssystems. Es wirkt sich auf einer Ebene aus, auf der Leib und Seele noch nicht getrennt sind, daher noch vor der Medizin. Die Augenblicke der Inspiration in der Arbeit eines Künstlers sind, ebenso wie das Hinabtauchen in die Tiefen, Verwicklungen mit den Wurzeln, mit dem Teil, in dem die Keime des Seins liegen.«[2]

Bedeutungen misst Erwin Koch-Raphael auch seinem Geburtsdatum im Oktober 1949 zu. Im gleichen Monat wurde die Volksrepublik China gegründet, was der Komponist mit seinem Interesse an der asiatischen Kultur und Denkweise in Verbindung bringt. Mit einem Augenzwinkern erzählt er, dass im Jahr 1972, als er sein Studium bei Isang Yun begonnen und sich endgültig für eine Laufbahn als Komponist entschieden hatte, die NASA ihr bemanntes Mondlandeprogramm einstellte. Dazu schrieb er 2017 in einer E-Mail an den Autor, es sei »pünktlich auch das zum Beginn meiner von da ab mehr professionellen kompositorischen Arbeitsaufnahme. Da brauchte man nämlich

Die Orgel der Paterskirche in Kempen (Kulturforum Franziskanerkloster).

die bemannte Mondlandung nicht mehr, das war dann nicht mehr nötig. Ich war ja an
Bord.«

Solche Beziehungen, die Erwin Koch-Raphael zwischen an sich unverbundenen
Fakten, Bildern oder Zahlenspielen herstellt, sind meistens ernst gemeint und ein
Charakteristikum seines Denkens. Den Komponisten faszinieren Analogien, Korrespondenzen und Synchronizitäten, die sich außerhalb einer streng rationalen Betrach-
tungsweise öffnen. Zwar beschäftigt er sich intensiv mit der rational vorgehenden
Naturwissenschaft. Mit gleichem Eifer jedoch setzt und setzte er sich mit alten Mythen
auseinander, mit Alchimie, Parapsychologie und Okkultismus, mit den Ideen des Arz-
tes und Mystikers Paracelsus, der Kabbala, dem chinesischen I Ging (das Buch der
Wandlungen, welches ihm der Buchhändler Ernst Patting in der Berliner Fasanenstra-
ße anempfohlen hatte) und mit Astrologie (die ihm der Berliner Arzt und Homöopath
Peter Sohn vermittelte). Astrologie versteht Koch-Raphael als einen Ausdruck der
kosmischen Ordnung; eine Zeitlang verdiente er sogar einen Teil seines Lebensunter-
halts mit der Erstellung von Horoskopen. Das alles dokumentiert Erwin Koch-Raphaels Interesse an Welten jenseits des streng Rationalen. Es ist eine Suche nach Erfahrungen, die abseits der offiziellen Wissenschaft Erkenntnisse versprechen.

1.4 Das Kompositionsstudium bei Isang Yun

Erwin Koch-Raphael hatte sich nach dem Abitur für ein Physikstudium an der
Universität Münster beworben und eine Zusage für den Diplomstudiengang erhal-
ten. Er entschied sich dann aber für Elektrotechnik an der Technischen Universität
Berlin. Im Oktober 1968 verließ er die Kleinstadt Kempen und zog in die damals
geteilte Stadt. Dort wollte er endlich ein selbstständiges und alleinverantwortliches
Leben führen. Er fühlte sich den Studentenrevolten verbunden und sagt, dass Rudi
Dutschke damals ein Idol für ihn gewesen sei. In seinem Zimmer hingen Plakate von
Che Guevara, Karl Marx, Friedrich Engels und Donald Duck. Ihn faszinierte die Le-
bendigkeit einer Stadt, die sich als eine damals eingeschlossene in einem permanenten
Ausnahmezustand befand.

1970 wechselte Koch-Raphael zur Tonmeisterausbildung an die Hochschule der
Künste Berlin, bei der er sein naturwissenschaftlich-technisches und sein musikalisches Interesse verbinden konnte. Sein Berufsziel war Entwicklungsingenieur im Hi-
Fi-Bereich oder Tonmeister im Bereich Film. 1971/72 belegte er zusätzlich Dirigieren
und Rhythmik. 1972 begann er, wie bereits gesagt, mit Komposition bei Isang Yun.
1976 schloss er die Tonmeisterausbildung ab, 1979 das Kompositionsstudium.

Die Begegnung mit dem südkoreanischen, seit 1957 in Deutschland lebenden
und seit 1970 in Berlin unterrichtenden Komponisten lenkte Erwin Koch-Raphael
endgültig auf den Pfad der komponierten neuen Musik. Wolfgang Klint, Komposi-

tionsstudent bei Yun und Kommilitone beim Rhythmikstudium, hatte ihm von der Kompositionsklasse erzählt und ihm empfohlen, sich einmal vorzustellen. Yun schickte Koch-Raphael zunächst nach Darmstadt zu den Internationalen Ferienkursen für Neue Musik und stellte ihm die Aufgabe, zwei Stücke zu schreiben.

Das war im Sommer 1972. Koch-Raphael komponierte ein Stück für Geige und Klavier und eins für Klavier solo. Dieses war nur eine Minute lang und hatte eine ungewöhnliche Form. Sein Höhepunkt bestand aus absoluter Stille nach einer vorhergehenden schrittweisen dynamischen Reduktion. Koch-Raphael legte die Stücke vor, und Yun nahm ihn sofort als Schüler an. »Ich bekam schlagartig Mut, unsere Musik, meine Musik, anders zu denken und sie völlig neu zu empfinden. Ich begann meinen ›Blick von ganz weit außen‹, eine Haltung, mit der ich noch heute lebe und komponiere«,[3] notierte Erwin Koch-Raphael in einem Nachruf auf seinen Lehrer.

Erwin Koch-Raphael erzählt, dass man für den Kompositionsunterricht bei Yun grundsätzlich viel Musik schreiben und in den wöchentlichen Unterrichtsstunden vorlegen musste. In diesen Stunden sprach Yun darüber, was er in den Noten sah. Er fungierte sozusagen als ein Hörer, der das Stück aus seiner Perspektive las und auf seine Weise, aus seiner Tradition heraus verstand. Konkret Technisches hingegen hatte er weniger vermittelt. Aber er stellte Aufgaben. Sie hatten meistens das Ziel, sich auf Einzelnes zu konzentrieren, zum Beispiel möglichst lange mit einem einzigen Ton zu arbeiten und nur mit diesem Spannungsbögen aufzubauen. Yun war es wichtig, jeden Ton ernst zu nehmen, ihm Leben einzuhauchen und genau auf seine Parameter zu achten: wie laut ist der Ton, wie klingt er, enthält er eine Vibration und ähnliches. Eine solche Aufmerksamkeit auf den einzelnen Ton und seine Aura hat Erwin Koch-Raphael beibehalten, was insbesondere seinen reduktiv geschriebenen Werken Dichte und Intensität verleiht.

Darüber hinaus gab es mehrmals im Semester Treffen der Kompositionsklasse mit einem Instrumentalisten. Dieser stellte die klanglichen und spieltechnischen Möglichkeiten und die Eigenarten seines Instruments vor. Dann hatten die jungen Komponisten eine Stunde Zeit, ein kleines Stück zu schreiben, das vom Musiker gespielt und über das diskutiert wurde.

Erwin Koch-Raphael versteht sich als Schüler des 1917 geborenen und 1995 verstorbenen südkoreanischen Komponisten, jedoch weniger in kompositionstechnischer Hinsicht. Ihn beeindruckte und prägte vor allem die Haltung Yuns der Musik, der Kunst, der geistigen Welt und der Gesellschaft gegenüber. Yun betonte stets, dass die Musik in die Gesellschaft eingebunden sei und dass man als Komponist eine Verantwortung für seine Musik trage, allein schon den Musikern gegenüber, die sie spielen. Außerdem solle man stets im Sinne der Menschlichkeit handeln, nicht nur beim Komponieren, sondern ebenso im Leben. Diese Haltung ist dem Empfinden Erwin Koch-Raphaels sehr nah.

Isang Yun hatte einmal geäußert, in Koch-Raphael einen geistesverwandten Menschen gefunden zu haben. In einem Gespräch mit Johanna Vos am 2.12.1988 bezeichnete er ihn als seinen wichtigsten Schüler. Eine Reihe von Jahren assistierte Koch-Raphael Yun bei seinen verschiedenen Aktivitäten. Dazu gehörte die Durchführung der Studienwoche junger Komponisten in Hilchenbach/Siegerland mit dem Siegerlandorchester (heute Philharmonie Südwestfalen) und dem damaligen Dirigenten Rolf Agop. Unter Isang Yuns Leitung fand diese Studienwoche von 1976 an etwa zehn Jahre lang statt. Viele damals junge, heute bekannte und etablierte Komponistinnen und Komponisten nahmen an dieser Veranstaltung teil, unter ihnen (in alphabetischer Reihenfolge) Violeta Dinescu, Moritz Eggert, Adriana Hölszky, Toshio Hosokawa, Claus Kühnl, Gerhard Müller-Hornbach, Franz-Martin Olbrisch, Manfred Stahnke und Manfred Trojahn.

1.5 Musikalische Aktivitäten

Seit Anfang der 1970er Jahre lebte der Komponist mehr und mehr mit und in der Musik. Er komponierte viel. Von 1973 an entstanden die Werke, die er bis heute gelten lässt. Sein offizielles Opus 1 ist das Orgelstück »Drei Aquarelle«, und bis heute (Stand Herbst 2017) ist sein Gesamtwerk auf 159 Kompositionen angewachsen. Von 1975 bis 1982 war Erwin Koch-Raphael freier Mitarbeiter beim RIAS Berlin in der Kirchen- und Chormusikabteilung. 1979 unternahm er auf Einladung der koreanischen Sektion der ISCM (International Society of Contemporary Music) und des Westdeutschen Rundfunks eine zweimonatige Studienreise nach Südkorea. 1982 erhielt er eine Dozentur für Musiktheorie, Analyse und Klangexperimente (Improvisation) an der Universität und der Hochschule für Künste (HfK) Bremen und zog von Berlin in die Hansestadt um; 1996 wurde die Stelle an der HfK in eine Professur umgewandelt.

1984 stellte Erwin Koch-Raphael die Performance-Gruppe »ganZeit« zusammen. Die Gruppe realisierte außerhalb der gewohnten Konzertsäle ein experimentelles »KlangKörperTheater«. 1987/88 erhielt er ein sechsmonatiges Stipendium für die Cité Internationale des Arts in Paris und nutzte die Gelegenheit zu ergänzenden Studien bei Franco Donatoni am IRCAM (Institut de Recherche et de Coordination Acoustique/Musique) und Yannis Xenakis an der Universität und der von Xenakis gegründeten EMAMu (Équipe de Mathématique et d'Automatique Musicales).

1990 gründete er zusammen mit Studentinnen und Studenten der Musikpädagogik und Informatik der Universität Bremen sowie Jungunternehmern der IT-Branche das »ZeM« (Zentrum für elektroakustische Musik) an der Universität und der Hochschule für Künste Bremen, das mit dem kurz zuvor gegründeten »ZeM« (Zentrum für elektronische Musik) in Freiburg kooperierte. Das Ziel des Zentrums war die Vernetzung von Aktivitäten und Innovationen im Bereich der elektronischen und computergestützten Musik. Bis 1994 veranstaltete das Bremer Zentrum Konzerte und Workshops und gab gemeinsam mit der Freiburger Gruppe eine Zeitschrift heraus, deren Ausgaben über das Freiburger »ZeM« teilweise noch erhältlich sind.

1990/91 nahm Erwin Koch-Raphael als Komponist beim Frankfurter »Response«-Projekt als Dozent teil, bei dem Kindern und Jugendlichen neue Musik vorgestellt wurde. 1991/92 arbeitete er am ZKM (Zentrum für Kunst und Medien) in Karlsruhe im Bereich elektronische Musik. 2004 rief er in Bremerhaven, wo er zwischen 2001 und 2009 lebte, das Schulprojekt »ambi« (Abenteuer Musik – Bremerhavener Initiative) ins Leben, das auf Erfahrungen mit »Response« basiert und bis heute existiert. 2015 wurde Erwin Koch-Raphael emeritiert. Seitdem lebt er als freier Komponist in Bremen. Dort bewohnt er ein Haus der Gründerzeit im Gete-Viertel des Bremer Stadtbezirks Ost.

1.6 Das Leben an sich

Diese Daten sind ganz typisch für den Lebenslauf eines Komponisten: Studium, ein bedeutender Komponist als Lehrer, diverse musikalische und organisatorische Aktivitäten, Aufenthalte an wichtigen Zentren der neuen Musik und schließlich eine Professur. Über das eigentliche Leben geben diese Daten aber wenig Auskunft. Wir erfahren nicht, wie sich der Komponist in seinem Leben fühlt, was ihn antreibt, welche Begebenheiten er als besonders schicksalhaft empfand, mit welchen Dingen außer Musik er sich sonst noch beschäftigt und wie er den Alltag bewältigt.

Jeden Morgen steht Erwin Koch-Raphael früh auf und beginnt den Tag mit Tee und intensiver Lektüre. Seit jeher bezieht er eine Fachzeitschrift für Astronomie. Er liest aktuelle philosophische und naturwissenschaftliche Texte und bewundert Autoren wie den Psychologen William S. Haas, den Philosophen Thomas Nagel und den Anthropologen Richard Grossinger. Er interessiert sich für Science-Fiction-Romane, besonders solche, wie etwa von Ursula K. le Guin, die alternative Welt- oder Gesellschaftsordnungen darstellen. Ihn fasziniert Lyrik wegen ihrer experimentellen Sprachwelten. Hier sind John Keats, Christian Morgenstern, Nikolaus Lenau und Charles Baudelaire Autoren, die er besonders schätzt. Auch Karl May bewundert er wegen der fantasievollen, bildhaften Landschaftsbeschreibungen und der Handlungsdramaturgie in den Abenteuerromanen des Literaten. Albert Camus, Fjodor Dostojewski, Anton Tschechow, Margaret Atwood, Henry Miller, Jean Genet, André Gide, E. T. A. Hoffmann, Simone Weil, B. Traven und Simone de Beauvoir gehören zu den Autoren, die er in Gesprächen über seine bevorzugte Literatur oft erwähnt und immer wieder zitiert. Er hört viel Radio, auch nicht-musikalische Sendungen, besucht Theaterproduktionen der »bremer shakespeare company« und gelegentlich Neue-Musik-Festivals. Er diskutiert sehr gern und intensiv über eine Vielzahl von Themen: Politik, Gesellschaft,

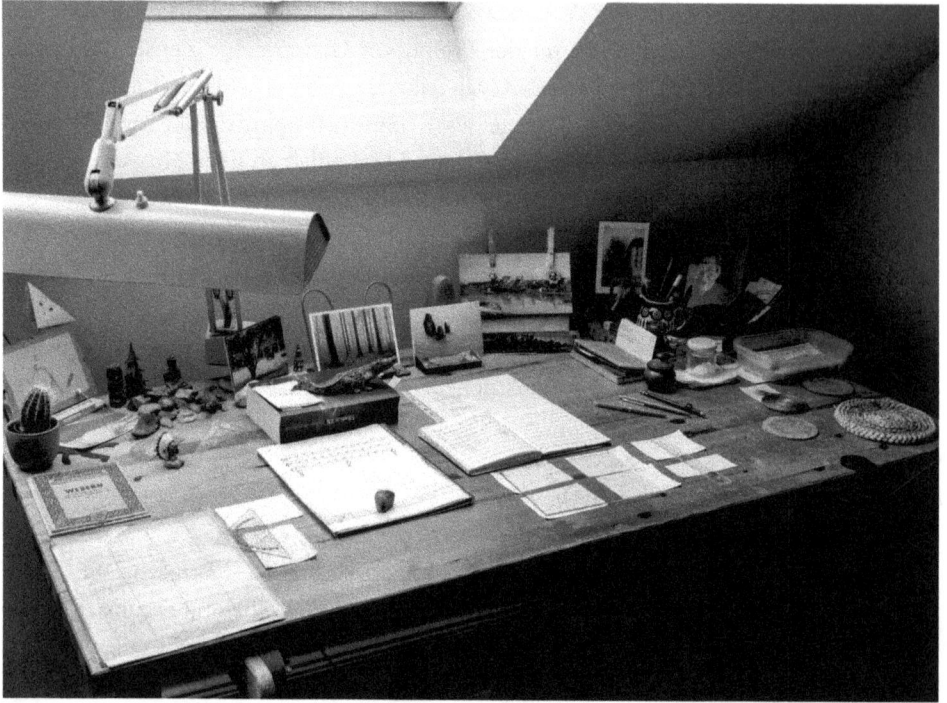

Wirtschaft, Kultur, Genderfragen und Sexualität. Eine Zeit lang war er Mitglied einer Bremer Freimaurerloge, weil er intensive Gespräche mit Menschen in unterschiedlichen kulturellen, gesellschaftlichen und politischen Positionen schätzt.

Erwin Koch-Raphaels Bremer Wohnung befindet sich in Innenstadtnähe und ebenso dicht am Bürgerpark, in dem der Komponist möglichst jeden Tag eine Stunde spazieren geht. Sein Arbeitszimmer, in freundlichem Gelb gestrichen, ist eher spartanisch eingerichtet und enthält kaum mehr als einen Schreibtisch mit dem Computer sowie ein Radio. Ein zweiter, sehr viel größerer Arbeitsraum ist hingegen dicht gefüllt. In einem bis zur Decke reichenden Apothekerschrank befindet sich das Archiv des Komponisten. Zu jedem Werk liegen dort Skizzen, Notizen, Entwürfe der Prinzipalrhythmen (siehe Kapitel 3), Zeitungsartikel und Noten. Eine kleine Sitzgarnitur lädt zum Verweilen ein. Am einzig freien Platz vor dem Fenster steht ein großer Schreibtisch. Alle Wände sind mit Regalen vollgestellt, in denen man die vielen Bücher findet, die den Komponisten begeistern und mit denen er sich auseinandergesetzt hat.

Nach wie vor komponiert Erwin Koch-Raphael täglich, meistens gleich vormittags nach dem Tee trinken und Zeitung lesen. Das Komponieren ist für ihn keineswegs eine nur geistige Arbeit, sondern ein vielschichtiges Erleben. Alle Sinne sind gleichermaßen aktiv. Das Hören hat keinen Vorrang vor dem Sehen und dem Spüren.

»Ich denke beim Komponieren nicht nur an die Musik, sondern genauso an die vielen Ebenen des Visuellen, Gestischen und Spirituellen und an vieles mehr. Die Tätigkeit, Musik zu schreiben und zu gestalten ist für mich nicht zu trennen von den Fragen des menschlichen Seins in dieser Welt. Im Prozess des Schreibens erlebe ich, wie sehr ich die Freiheit habe, Musik zu sich selbst kommen zu lassen«, schrieb Erwin Koch-Raphael 2009 in einer E-Mail an den Autor. Dass kreative Arbeit nicht nur Kopfarbeit, sondern ein vielschichtiges und intensives sinnliches Erleben ist, empfinden auch Künstler aus anderen Bereichen. In einem Radiointerview äußerte der Schriftsteller Peter Handke: »Das Schreiben ist unglaublich sinnlich, weil man nachher mit geschärften Sinnen herumgeht, man sieht und hört besser, spürt alles besser, kann sich besser berühren. Ich werde immer so wach vom Schreiben. Ohne Schreiben könnt' ich dann gar nichts erleben.«[4]

Daher gibt es für Erwin Koch-Raphael keine Trennung zwischen Musik und Leben, zwischen Geist und Körper. Bei der geistigen Tätigkeit spielen für ihn körperliche und tantrisch sexuelle Vorstellungen und Chiffren eine große Rolle. Beim Hören und Schreiben von Musik und besonders beim Improvisieren hat der Komponist ein ganz ähnliches Empfinden, wie er es von körperlichen Erfahrungen kennt. Fasziniert spricht er von der Bühnenpräsenz der Rock- und Popmusiker. Er bewundert das integrative Zusammenfließen von Musik, exzessivem körperlichen Ausdruck und sexuellen Anspielungen. Interpreten neuer Musik hingegen halten ihre Körperlichkeit meistens zurück. Sie konzentrieren sich ganz auf die kompositorische Struktur – Erwin Koch-Raphael würde sagen, auf den technisch-kompositorischen Logos – und ordnen die Körperlichkeit des Musikmachens der geistigen Komponente der Musik unter. Diese Haltung widerspricht dem Empfinden des Komponisten, obwohl viele seiner Stücke, da sie für das klassische Instrumentarium geschrieben sind, im Rahmen des klassischen Konzerts und in diesem Sinn »körperlos« aufgeführt werden.

Das Zusammenempfinden von geistiger Regsamkeit und Körperlichkeit ist ein wesentlicher Antrieb für Erwin Koch-Raphaels unablässige Neugier den Dingen gegenüber, der Musik, der Wissenschaft, der Philosophie und vielen anderen Gebieten. All das fließt in seiner komplexen Geistes-, Gefühls- und Gedankenwelt zusammen.

Diese Welt äußert sich in einem Redefluss, der dem Komponisten nahezu ununterbrochen entströmt. In Vorträgen und Diskussionen ist er durchaus in der Lage, sich zu zügeln und sich den thematischen Anforderungen im Sinne einer diskursiven Darstellung zu unterwerfen. Ansonsten jedoch spricht er, vom unaufhörlichen Gedankenfluss getrieben, schnell und dicht. Stets verflechten sich mehrere Themen. Wenn Erwin Koch-Raphael über Musik redet, dann nicht nur über Musik. Denn sie ist eingebunden in den Weltenlauf und lässt Korrespondenzen mit vielen anderen Bereichen zu. In diesen bewegt sich der Komponist mit seinen weit gestreuten und profunden Kenntnissen genauso souverän wie in der Musik.

Die Erwin Koch-Raphael entströmenden Gedanken bilden ein Gewebe, das einem Rhizom ähnelt, wie es die Philosophen Gilles Deleuze und Félix Guattari in dem 1980 erschienenen Text »Tausend Plateaus« beschrieben haben: »Ein Rhizom ist als unterirdischer Strang grundsätzlich verschieden von großen und kleinen Wurzeln. … Das Rhizom selber kann die unterschiedlichsten Formen annehmen, von der verästelten Ausbreitung in alle Richtungen an der Oberfläche bis zur Verdichtung in Zwiebeln und Knollen. … Jeder Punkt eines Rhizoms kann (und muss) mit jedem anderen verbunden werden. Das ist ganz anders als beim Baum oder bei der Wurzel, bei denen ein Punkt, eine Ordnung festgelegt ist.«[5]

So gesehen spricht Erwin Koch-Raphael rhizomatisch, eine Denkweise, bei der hierarchisch-logische Verbindungen nicht die einzigen Mitteilungsmöglichkeiten sind. Es gibt immer überraschende Verknüpfungen und Gedankensprünge durch Analogien, Korrespondenzen und Synchronizitäten. Diese erlangen den gleichen Wert wie Diskursivität. Damit verhält es sich wie in der gegenwärtigen, uns mit Eindrücken und Informationen überflutenden Welt. Sie ist einfach zu kompliziert geworden, als dass man sie mit eindimensionalen oder gar monothematischen Überlegungen noch verstehen oder erfassen könnte. »Mich interessiert aber besonders das Irrationale, denn was mir in der Welt begegnet, widerspricht den Gesetzen der Vernunft«,[6] lautet eine Erfahrung der Komponistenkollegin Carola Bauckholt, die Erwin Koch-Raphael teilt.

1.7 Begegnungen

Zahlreiche menschliche Begegnungen säumen Erwin Koch-Raphaels Lebensweg. Natürlich sind unter ihnen viele Komponistinnen und Komponisten. Zu den wichtigsten zählt Isang Yun, dessen menschliche Haltung im Leben und in der Musik tiefen Eindruck bei Erwin Koch-Raphael hinterlassen hat. Den 2008 verstorbenen Mitstudenten Jolyon Brettingham Smith bezeichnet Erwin Koch-Raphael als »Anti-Romantiker« und sich selbst als damals hoffnungslos romantisch. Die knappe und präzise Klangsprache Brettingham-Smiths hat Koch-Raphael darin bestärkt, konzentrierter zu schreiben und klarer zu denken. Beide Kompositionsstudenten bemühten sich, den Stil ihres Lehrers Yun nicht zu kopieren, sondern etwas Eigenes zu entwickeln.

Ein Kommilitone bei der Tonmeisterausbildung war der Diplom-Ingenieur Folkmar Hein, der später über viele Jahrzehnte das elektronische Studio der Technischen Universität Berlin leitete und Erwin Koch-Raphael ermöglichte, dort zu arbeiten. Hein, der Komponist Frank-Michael Beyer und eine kleine Studentengruppe, unter ihnen Erwin Koch-Raphael, gründeten 1975 die Gruppe »Klangwerkstatt«, die von 1977 an Konzerte mit elektroakustischer Musik veranstaltete.

Eine Zeitlang pflegte Erwin Koch-Raphael eine enge Freundschaft mit dem Komponisten Toshio Hosokawa. Hosokawa war damals ebenfalls Yun-Schüler, hatte sein

Studium jedoch einige Jahre später begonnen. Häufig trafen sich beide Komponisten, oft im Hause Koch-Raphael. Koch-Raphael beschreibt Hosokawa als einen tief in der japanischen Kultur verwurzelten Menschen. In den Gesprächen über Musik und Zen lernte er viel über das japanische No-Theater und sein dramaturgisches Konzept, das sich von dem des europäischen Theaters fundamental unterscheidet. In einigen Kompositionen, etwa »composition no. 60 (shôgo/noonday)« (siehe Kapitel 5) hat Koch-Raphael mit diesem Konzept gearbeitet.

Bereits Anfang der 1970er Jahre wurde der Komponist von Peter Schwarz, der lange Jahre Organist und Kantor an der Kaiser-Friedrich-Gedächtniskirche in Berlin war, gefördert. Unter anderem erteilte Schwarz den Auftrag für das Opus 1, das Orgelstück »Drei Aquarelle«, und führte das Werk mehrfach auf. Mit dem Pianisten und damaligen Kompositionsstudenten von Frank Michael Beyer, Lothar Alexander Runze, diskutierte Erwin Koch-Raphael »nächtelang und mit vielen Zigaretten«, wie er sagt, über Musik. Auch erinnert er sich gern an seinen Tonsatzlehrer Heinrich Poos. Poos unterrichtete Musiktheorie immer am praktischen Beispiel und erarbeitete den Tonsatz zusammen mit den Studenten an der Tafel. Das hat Erwin Koch-Raphael für seinen eigenen Theorieunterricht übernommen.

Mit den beiden damaligen Musikwissenschaftsstudenten Hanns-Werner Heister und Walter-Wolfgang Sparrer, die seit 1992 das Musiklexikon »Komponisten der Gegenwart« (KDG) herausgeben, besuchte er Vorlesungen bei dem charismatischen Musikwissenschaftler Carl Dahlhaus. Der Schwerpunkt dieser Vorlesungen lag auf der Auseinandersetzung mit dem musikalischen Werkbegriff und der Idee des autonomen Kunstwerks. Anhand historischer Beispiele ging es um die grundlegende Frage, mit der sich Erwin Koch-Raphael bis heute beschäftigt, nämlich was Musik eigentlich ist.

Die Redakteurin Dorothee Ehrensberger und den Musikschulleiter Konrad Latte bezeichnet Erwin Koch-Raphael als seine »Lebensretter«. Denn beide vermittelten ihm schon während des Studiums Arbeitsmöglichkeiten, Ehrensberger in der Musikredaktion vom RIAS Berlin, Latte an der Musikschule Charlottenburg-Wilmersdorf. Dadurch hatte der Komponist ein einigermaßen regelmäßiges Einkommen und musste nach seiner Ausbildung keine feste Stelle als Tonmeister annehmen. Das war ihm wichtig, denn er wollte ausreichend Zeit für seine kompositorische Arbeit haben.

1977 bekam Erwin Koch-Raphael für das Werk »Die Große Straße« den Kieler Orchesterkompositionspreis verliehen. Dabei lernte er den dort tätigen Dramaturgen Wolfgang Binal kennen, der in der Folge die Uraufführungen von zwei weiteren Orchesterwerken Erwin Koch-Raphaels ins Programm der Abonnementskonzerte des Philharmonischen Orchesters ins Programm aufnahm: 1980 das Konzert für Violoncello und großes Orchester und 1987 »Figura con variazioni«.

Obwohl Koch-Raphael nicht Komposition, sondern Musiktheorie und Analyse für Lehramt unterrichtete, hatte er viel Kontakt zu den Kompositionsstudentinnen und -studenten der HfK Bremen. So gibt es Komponisten der jüngeren Generation, wie Christoph Ogiermann, die ihn als ihren Kompositionslehrer betrachten.

Mitte der 1970er Jahre lernte Erwin Koch-Raphael den 2009 verstorbenen Literaturwissenschaftler Gert Mattenklott kennen. Mit ihm begegnete er einem Marxisten und dadurch einer Art des Denkens, die in mancher Hinsicht neu für den Komponisten war. Bisher hatte er den Marxismus und den Kommunismus rein politisch verstanden und kam jetzt mit der wissenschaftlichen und ökonomischen Perspektive dieser Denkhaltung in Kontakt. Mit Gert Mattenklott verband ihn über einige Jahre eine enge und intime Freundschaft mit intensiven Diskussionen über Literatur, Kunst, Musik und Gesellschaft.

Ebenso essenziell empfindet Erwin Koch-Raphael seine Freundschaft mit der Künstlerin und Kunstwissenschaftlerin Eva Koethen. Er lernte sie 1970 im Berliner Studentenwohnheim in der Hardenbergstraße kennen, wo sie beide Tür an Tür lebten. Koethens Positionen empfindet Koch-Raphael als geistesverwandt. Die bildende Künstlerin hat ein offenes Schaffenskonzept. Sie geht von einer Strukturvorlage aus, bei der es sich, da sie bildende Künstlerin ist, meist um einen Gegenstand handelt. Dieser dient ihr als Fixpunkt, von dem aus sich stets mehrere Möglichkeiten öffnen. Ganz ähnlich funktioniert Erwin Koch-Raphaels Kompositionstechnik mit dem Prinzipalrhythmus, die in Kapitel 3 ausführlich beschrieben wird. Der Prinzipalrhythmus ist eine Strukturvorlage, mit welcher der Komponist bestimmte Töne, Akkorde oder Rhythmen organisiert. Davon ausgehend öffnet er ein Feld, auf dem es immer mehrere Möglichkeiten des Fortschreitens gibt. Koch-Raphael nennt es das »Möglichkeitsfeld«.

Nicht weniger wichtig als die Freundschaften zu Künstlerinnen und Künstlern sind Erwin Koch-Raphael Kontakte zu Menschen aus nicht-künstlerischen Bereichen. Aus den verschiedensten Gründen waren sie bedeutsam für ihn. Denn er hat sich niemals nur in Musikerkreisen bewegt, sondern sich für die Unterschiedlichkeit der Menschen unabhängig von ihrer Profession interessiert. Mit der ihm eigenen Neugier beobachtet er die Vielfältigkeit der menschlichen Eigenarten und Schicksale und nimmt an ihnen teil.

Zu diesen gehört die Atem- und Leibtherapeutin Frieda Goralewski (1893-1989), deren Kurse Erwin Koch-Raphael von 1970 an mehrere Jahre lang besuchte. Frieda Goralewski nannte diese Kurse schlicht »Turnen« und praktizierte eine Bewegungsarbeit, die sie bei Elsa Gindler gelernt hatte. Auf Gindler geht eine Bewegungstherapie zurück, die Bewegung mit Selbsterfahrung verbindet. So legte Goralewski großen Wert auf die Selbstbeobachtung und das Erspüren der Bewegungen. »Wenn wir den Körper nicht dauernd stören und an ihm herumdirigieren, kann er fast alles von selbst, weil er keineswegs dümmer ist als wir. Um Schönheit müssen wir uns nicht bemühen, der Körper wird von alleine schön, wenn er endlich frei atmen kann.«[7]

Aus dem Tagebuch der Schottland-Reise 1977.

Frieda Goralewski ging es mit ihrer Körperarbeit um eine Erweiterung des Erfahrungshorizonts als ein Element der Persönlichkeitsentwicklung. Wer sich schlecht bewege, der denke auch schlecht, meinte sie, und wies damit auf die durch die Neurowissenschaft mittlerweile nachgewiesene unauflösbare Verbindung zwischen Körper und Geist hin. Die Erfahrungen in Goralewskis Kursen haben Erwin Koch-Raphael geholfen, seine Körperlichkeit, die ihm sehr wichtig ist, zu entwickeln.

1975 begegnete Koch-Raphael dem Arzt und Homöopathen Peter Sohn. Dieser brachte ihm die Astrologie nahe. Ein weiterer bedeutender Mensch im Leben Erwin Koch-Raphaels ist der bereits erwähnte Jugendfreund Elmar Rixen, niederrheinischer Grundschullehrer, Maler und Astrofotograf und von klassischer Musik fasziniert. Im jugendlichen Alter wetteiferten Koch-Raphael und Rixen beim Schreiben von tonalen Kompositionen und Sonetten, hörten Schallplatten und musizierten gemeinsam (siehe Elmar Rixen in Kapitel 7).

Ein ähnliches Interesse verband Erwin Koch-Raphael in seiner Berliner Zeit mit Peter Brauer, Zugabfertiger bei der Berliner S-Bahn, der sich vor allem für russische Sinfonik begeisterte und wie Koch-Raphael ein Faible für E. T. A. Hoffmann hatte. In Bremen lernte der Komponist den Arbeiter Klaus Strehl kennen, der durch einen schweren Unfall auf einer Werft arbeitslos geworden war. Strehl brachte ihm Hans Henny Jahns Schriften nahe und interessierte sich, ohne etwas mit der professionellen Szene zu tun zu haben, brennend für neue Musik.

Der Komponist hat zwei Töchter und mittlerweile drei Enkelkinder. Er pflegte und pflegt langjährige Beziehungen unterschiedlicher Art. In diesen ist er, wie überhaupt in allen seinen zwischenmenschlichen Kontakten, verbindlich und kommuniziert intensiv mit den Menschen, die ihm wichtig sind.

1.8 Schlussbemerkung

Erwin Koch-Raphael ist kein Mensch der Äußerlichkeiten. Zwar legt er Wert auf sein Erscheinungsbild, enthält sich aber Eitelkeiten und folgt nicht den Moden der Zeit. Ähnlich bewegt er sich in der Musik. Wie jeder Komponist möchte er seine Werke am liebsten möglichst oft aufgeführt sehen und hören, aber nicht um den Preis, sich in der kompositorischen Arbeit einschränken zu müssen. Er hat nie viel Zeit investiert, um in Konzerten der Neue-Musik-Szene zu brillieren, sich Kompositionsaufträge zu beschaffen oder sich einen Status zu erarbeiten. Wichtiger ist ihm ein regelmäßiges, unabhängiges und konzentriertes Arbeiten an selbst gewählten musikalischen Projekten.

Die Arbeit an diesen Projekten ist frei von pragmatischen oder ökonomischen Überlegungen. Sie entsteht ausschließlich aus dem Impetus, aussagekräftige Musik aufs Papier zu setzen. In dieser Hinsicht folgt Erwin Koch-Raphael dem Schriftsteller

Edgar Allan Poe, der im Jahr 1840 an seinen Kollegen Frederick William Thomas schrieb: »Schicken Sie die öffentliche Meinung zum Teufel, vergessen Sie, dass es ein Publikum gibt, und folgen Sie nur den natürlichen Antrieben Ihres Geistes: dann können Sie Erstaunliches leisten.«[8] Vielleicht wirken manche Werke Koch-Raphaels deshalb äußerst dicht in ihrem Erscheinungsbild, sehr deutlich etwa bei »composition no. 74 (I told you)« (siehe Kapitel 5). Dicht ist dabei nicht im Sinn von komplex gemeint. Denn der Dichte-Eindruck entsteht auch dann, wenn nur wenige Klänge oder Töne zu hören sind. Die Musik strahlt eine merkwürdige unmittelbare Intensität aus. Diese Wirkung verdankt sie der geistigen Durchdringung, mit der Erwin Koch-Raphael die klingende Materie beseelt.

2. Der Gedankenkosmos

2.1 Einleitung

Erwin Koch-Raphaels Beziehung zur Musik und sein Komponieren stehen in einem engen Verhältnis zu seiner Lebenswelt und zu den Themen, mit denen er sich beschäftigt. Sicherlich kann man seine Werke rein musikalisch analysieren. Man kann die Tonhöhen- und Klangbeziehungen eines Stücks und seine Gesamtform beschreiben. Das jedoch verrät wenig über den Sinn der Musik und für sich genommen kaum etwas über ihre inhaltlichen Aspekte. Denn Erwin Koch-Raphael geht es nicht um die Töne und Klänge an sich. Anders als manche seiner Kollegen ist er kein Forscher, der sich nur mit dem Inneren eines Klangs beschäftigt oder sich nur auf ein besonderes musikalisches Material konzentriert. Genauso wenig richtet sich seine Tätigkeit auf die Verwendung ausgefallener Spieltechniken auf den Instrumenten. Für ihn sind die Töne und Klänge und die Strukturen, in die sie gegossen werden, Mittel, um Inhaltliches zu transportieren. Durch sie gewinnt seine Musik an Bedeutung.

Möchte man also zum Kern von Erwin Koch-Raphaels Musik vordringen, so muss man die strukturellen Eigenheiten seiner Kompositionen immer in Zusammenhang mit ihren inhaltlichen Hintergründen betrachten. Die Inhalte, die der Komponist wählt, sind oft außermusikalisch und entstammen seinen weit gespannten Interessen. Diese richten sich, kurz gesagt, auf grundlegende Fragen, die alle mit dem Drang verbunden sind, die Welt zu verstehen. Seit seiner Jugend beschäftigt sich der Komponist mit Philosophie, Religion, Physik, Anthropologie, Politik und vielem mehr und ergründet die Vorstellungswelten dieser Disziplinen.

Seit jeher begleitet ihn der Wunsch nach Erkenntnis. Das Komponieren ist Erwin Koch-Raphaels Weg zu diesem Ziel und überhaupt seine Methode, das Leben zu führen. Im Komponieren erfüllt sich sein Drang, sich mit der Welt auseinanderzusetzen, nicht nur, aber vor allem. Natürlich liest er und informiert sich über die Themen, die ihn interessieren, und nimmt auch andere Künste wahr, vor allem die Literatur. Ebenfalls wichtig sind ihm Gespräche und Erfahrungen mit Menschen und intensive zwischenmenschliche Beziehungen. In seiner Profession dann versucht er von Werk zu Werk zu dem Punkt zu kommen, der ihn am meisten interessiert: ein Stück Erkenntnis zu erlangen. Spricht man also über Erwin Koch-Raphaels Komponieren, so ist sehr viel zu sagen, was nicht unmittelbar mit Musik zu tun hat.

Musik ist der Ausdruck beziehungsweise das Kondensat seiner Auseinandersetzung mit der Welt. In ihr kristallisieren seine Beschäftigung mit verschiedenen geistigen Disziplinen und seine Erfahrungen mit sich und anderen Menschen. Damit stellt sich zuvörderst die nicht leicht zu beantwortende und in der Musikästhetik immer wieder neu diskutierte Frage, wie überhaupt sich Inhalte in der Musik vermitteln lassen.

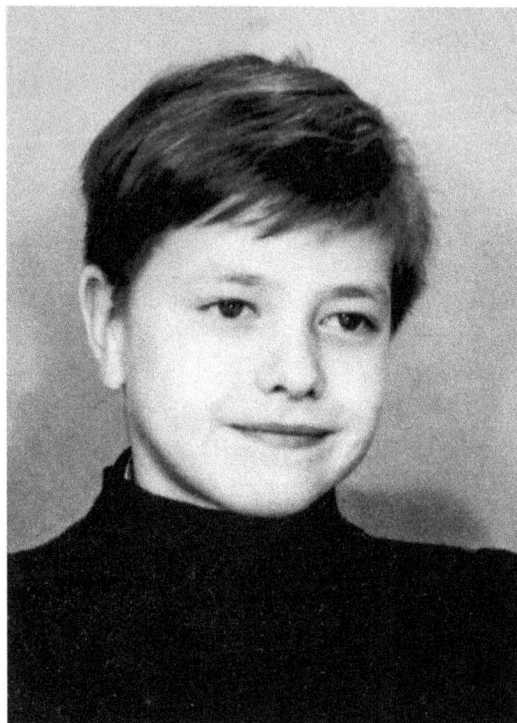

1956

2.2 Inhalt in der Musik

Dass reine Instrumentalmusik ohne Text eine Sprache sei, dass ihr beredter Charakter anhafte, hat im 18. Jahrhundert der Komponist Johann Mattheson behauptet. »Weil nun die Instrumental-Music nichtes anders ist, als eine Ton-Sprache oder Klang-Rede, so muß sie ihre eigentliche Absicht allemahl auf eine gewisse Gemüths-Bewegung richten, welche zu erregen, der Nachdruck in den Intervallen, die gescheite Abtheilung der Sätze, die gemessene Fortschreitung u.d.g., wol in Acht genommen werden müssen.«[9] Musik sei eine »Klangrede«, die den Gesetzen der sprachlichen Rhetorik zu folgen habe. Musik sei nichts anderes als eine künstliche Sprache: so formulierte es auch Matthesons Zeitgenosse und Kollege Johann Joachim Quantz.[10]

Im 17. Jahrhundert wurden regelrechte Kataloge mit den sogenannten musikalisch-rhetorischen Figuren veröffentlicht. Sie beschreiben feststehende Tonfolgen, die eine konkrete Bedeutung hatten und bestimmte Gefühle beziehungsweise »Affekte« wie Trauer, Freude oder Erregung ausdrückten. Orgelpunktartig liegende Klänge zum Beispiel symbolisierten Ruhe, Verharren oder Festigung. Wellenartige Motive, bei denen die Töne quasi pulsieren, deuteten auf Frieden, Gelöstheit, aber je nach Zusammenhang auch auf Weinen hin. Aufsteigende Motive standen für Erwachen, absinkende für Einschlafen oder schwächer werden; ihre Kombination war ein Zeichen für Verhängnis. Im Violinsolo »Sekitei« von 1979 hat Erwin Koch-Raphael solche rhetorische Figuren verwendet.

Dagegen steht die Idee der »absoluten Musik«, die im 19. Jahrhundert aufkam. Der Musikwissenschaftler Carl Dahlhaus, dessen Vorlesungen Koch-Raphael eine Zeit lang besuchte, bezeichnete diesen Wandel als Paradigmenwechsel über die Vorstellung, was Instrumentalmusik eigentlich sei.[11] Musik sei eben keine der Sprache vergleichbare Rede, sondern genüge sich selbst allein. Das gipfelte in der Polemik des Musikkritikers Eduard Hanslick gegen die Sprachähnlichkeit der Musik und auch dagegen, dass sie überhaupt etwas ausdrücke. Mit dem Satz »Tönend bewegte Formen sind einzig und allein Inhalt und Gegenstand der Musik«[12] richtete er sich gegen die Programmmusik seiner Zeit und die dort beliebte, oft allzu leichtfertige Aufladung von Musik mit Inhalten. Seitdem wird in musikästhetischen Diskussionen darüber debattiert, auf welche Weise sich Inhalte in der Musik vermitteln lassen.

Dass Musik überhaupt Inhaltliches trägt, scheint heute unstrittig. Selbst Musik, die sich selbst als inhaltslos versteht, ist ein Produkt der historischen Epoche, in der sie entstand. Sie kann und muss als Ausdruck dieser Epoche gedeutet werden, als Spiegel der Gesellschaft, der sie entstammt.

Außerhalb der musikinternen Diskussion hat sich die neurowissenschaftliche Forschung mit diesem Thema beschäftigt. Forschungen zum Hören und speziell zur Wahrnehmung von Musik haben ergeben, dass Musik durchaus Inhalte transportiert. »Die Wissenschaft hat es lange Zeit eher abgelehnt, dass Musik so etwas wie Bedeutungsinformation übertragen könnte. Mittlerweile gibt es aber eine ganze Reihe von Studien, die zeigen, dass Musik, und das kann ein einzelner Ton, eine Melodiefolge, ein Akkord oder eine längere Sequenz sein, sofort und relativ automatisch auch Prozesse der Bedeutungsidentifikation im Gehirn anstößt, so etwas wie semantische Verarbeitungsprozesse. Wenn man eine heroische Passage von Beethoven hört, selbst wenn man nicht weiß, wer Beethoven ist und sonst noch nichts von Beethoven gehört hat, wird man diese Passagen eher mit einem Konzept wie Held verbinden als mit so etwas wie Feigling«, sagt Stefan Koelsch.[13] Der Musikpsychologe und Neurowissenschaftler hat auch nachgewiesen, dass »das menschliche Gehirn Musik und Sprache zum großen Teil mit denselben kognitiven Prozessen verarbeitet (mit zum großen Teil denselben zerebralen Strukturen). Diese Befunde bedeuten, daß Musik und Sprache im Gehirn eng miteinander verknüpft sind und daß das Gehirn oft keinen wesentlichen Unterschied zwischen Sprache und Musik macht«.[14]

Die Inhalte der Musik äußern sich allerdings weniger konkret als in der Literatur und der bildenden Kunst. Dort können sie direkt ausgesprochen, dargestellt oder mit Metaphern oder Allegorien anschaulich ausgedrückt werden. In der Tonkunst ist das schwieriger, da, wie der Musikphilosoph Heinz-Klaus Metzger einmal treffend sagte, »halt Töne weder katholisch noch kommunistisch zu sein vermögen«.[15] Für sich genommen haften ihnen keine Inhalte an. Die Fähigkeit dazu erlangen sie erst durch den Kompositionsprozess, den kompositorischen Logos, bei dem sie in Beziehung zueinander gebracht, geformt und strukturiert werden. Dadurch entstehen bestimmte Gestalten, Melodien, harmonische Abfolgen und Formen wie die Sonatenhauptsatzform in der klassischen Musik oder das Liedschema in Rock und Pop.

Eine solche Gestaltung der Töne und Klänge ist, wie gesagt, aufs engste mit dem Umfeld des Komponisten verbunden, mit der Zeit, in der er lebt, mit der musikalischen Kultur, in der er sich bewegt, und mit seinen persönlichen Erfahrungen und Wünschen. Anders gesagt: Musik ist ein Spiegel der Verhältnisse, in denen sie entsteht. Sie ist von Kulturellem, Gesellschaftlichem und Politischem durchdrungen. Diese Durchdringungen sedimentieren sich in den Strukturen der Werke und ihren klanglichen Charakteristika.

Ganz explizit hob das politische Komponieren der 1960er und 70er Jahre auf die innige Verbindung der Musik mit der Lebenswelt ab. Es hatte zum Ziel, mit Musik gesellschaftspolitische und kulturelle Prozesse, Zustände und Entwicklungen zu spiegeln, zu reflektieren und nach Möglichkeit auch zu beeinflussen. Es vertraute auf die Macht der Musik, den Menschen zu erreichen und zu bewegen. Mit dem Aufkommen der Postmoderne in den 1970er Jahren wurde der politische Impetus des Komponierens in Frage gestellt und relativiert. Viele Künstler und Musiker schienen sich nicht mehr dafür zu interessieren, was in der Welt geschah. Sie folgten der postmodernen Ästhetik und pflegten das kunstvolle Spiel mit den von der Avantgarde erarbeiteten neuen Klangwelten und Konzepten. Im 21. Jahrhundert hat sich ein Teil der jüngeren Komponistengeneration wieder auf die gesellschaftspolitische Stoßrichtung der Musik besonnen. Unter Schlagwörtern wie »Diesseitigkeit« oder »neuer Konzeptualismus« richtet sie sich gegen ein Komponieren im Elfenbeinturm und möchte mit ihrer Musik Bezüge zur Realität, zur gegenwärtigen Lebenswelt herstellen und sich mit ihr auseinandersetzen.

In gewisser Weise ähnelt Erwin Koch-Raphaels Vorstellung von der Verankerung des Inhaltlichen in der Musik den Vorstellungen, die in einem solch politisch motivierten Komponieren aufscheinen. Er selbst hat Werke mit konkret politischem Inhalt geschrieben. »Land der Nacht« (1980) zum Beispiel reflektiert die politische Lage in Südkorea zur Zeit der Komposition. »composition no. 73 (popol wuj)« (2013) erzählt von kulturellen Zerstörungsprozessen in Vergangenheit und Gegenwart, und »compositon no. 74 (I told you)« (2015) handelt von der Unmenschlichkeit unserer auf Konsum und oberflächliches Vergnügen ausgerichteten Gesellschaft. Denn es ist Koch-Raphaels innerstes Anliegen, sich beim Komponieren mit unserer Lebenswelt auseinanderzusetzen. Dabei sind die meisten seiner Themen nicht so konkret politisch. Sie beschäftigen sich häufig mit grundlegenden, eher philosophischen Fragestel-

1961

lungen, die sich auf das Wesen der menschlichen Existenz und auf das Rätsel um das
Warum unserer Existenz richten.

Solche Inhalte werden durch musikalische Strukturen, durch bestimmte Ton-Ar-
chitekturen vermittelt. Sie stellen Bezüge zwischen den einzelnen Tönen her und
schmieden die Verbindung zwischen Klang und Inhalt. Viele solche Verbindungen
kennen wir. Sie sind kulturelles Allgemeingut und uns wohlvertraut. Mollakkorde zum
Beispiel wirken ernst, melancholisch oder traurig, und auch ohne musikalische Ausbildung »versteht« man die Harmonieabläufe eines Klassikstücks oder eines Popsongs;
die Abfolge Dominante-Tonika empfindet man als quasi natürliche Schlussfloskel,
als logisch und richtig. Man versteht, was sie sagen will: das Stück ist hier zu Ende.
Das Verständnis solcher Tonkombinationen, ihre Wirkung, ist in unserem kulturellen
Raum über die Jahrhunderte gewachsen und hat sich tief in das Empfinden der Menschen eingegraben.[16]

Auch unvertraute, nicht dur-moll-tonale, dissonante Akkorde der neuen Musik
entfalten Wirkungen. Auch sie stoßen beim Hören auf kulturelle Prägungen, denn
sie ähneln bekannten Akkorden oder sind ihnen entgegengesetzt, sie erklingen auf
vertrauten Instrumenten oder haben starke Geräuschanteile. In jedem Fall werden
bestimmte Muster oder das Abweichen von diesen Mustern erkannt, die je nach Vor-
kenntnis des Hörers und seiner Vertrautheit mit Musik mehr oder weniger gezielt
wirken. Deshalb hält Erwin Koch-Raphael neue und ungewohnte Klänge für, wie er
sagt, »emotional lesbar«.

Dass Musik in diesem Sinn emotional lesbar sei, korrespondiert mit dem Wesen
der akustischen Wahrnehmung, dem Hören. Der Klang trifft auf ein Wahrnehmungs-
system, das aus biologischer und evolutionärer Sicht ein Gefahrenwarnsystem ist. Aus
der neurowissenschaftlichen Forschung weiß man, dass ein Klang zuerst ins Unterbewusstsein fließt und dort sofort mit emotionalen Gehalten verbunden wird. Erst dann,
und bereits mit Emotionen aufgeladen, erreicht er als Klang beziehungsweise akustische Information das Bewusstsein. Stefan Koelsch spricht davon, dass Musik von
»emotionaler Valenz« geprägt sei.[17] Sie wirkt also unweigerlich und unausweichlich auf
einer instinktiven und emotionalen Ebene. Ein jeder kennt das Phänomen, dass ein
Musikstück, das in einer bestimmten Gefühlslage gehört wurde, diese beim erneuten
Hören wieder erinnern und spüren lässt.

Um nun die emotionale Valenz oder die Lesbarkeit seiner Musik zu gestalten und
sie dadurch mit Semantik aufzuladen hat Erwin Koch-Raphael eine Kompositionstechnik entwickelt, das »Komponieren mit dem Prinzipalrhythmus«. Mit dieser Technik stellt er strukturelle Analogien zwischen den Tönen und den Inhalten her. Wie
diese genau beschaffen sind wird später noch beschrieben und auch im Kapitel über
die Werke beispielhaft dargestellt (Kapitel 3 und 5). Hier sei vorab gesagt, dass die
strukturellen Ähnlichkeiten zwischen Musik und außermusikalischem Inhalt Korres-

pondenzen bilden, wodurch der Inhalt quasi verschlüsselt und jenseits einer konkreten Semantik in der Musik enthalten ist.

Sehr viel konkreter, meint Erwin Koch-Raphael, könne er Inhalte nicht transportieren. »Mehr kann ich nicht machen«, äußerte er in der WDR-Hörfunksendung Workshop Neue Musik vom 10. Februar 1981. In dieser Sendung ging es um die Frage, ob man seiner Orchesterkomposition »Land der Nacht« ihr Inhaltliches tatsächlich anhören könne. Das Werk entstand nach dem Korea-Aufenthalt des Komponisten. Es bezieht sich auf das Leiden des Dichters Kim Chi-Ha, der aufgrund seiner Publikationen mehrfach verhaftet wurde und sieben Jahre im Gefängnis verbrachte, sowie auf die damals instabile, von Aufständen, Militärputsch und Kriegsrecht gezeichnete politische Situation des Landes. Die Musik transportiert eine bestimmte Stimmungslage, die die konkreten Tatsachen jedoch nicht aussprechen kann. Wie deutlich die vom Komponisten intendierte Stimmung vom Hörer wahrgenommen wird, hängt von dessen musikalischen Vorlieben und Kenntnissen, von seiner kulturellen Prägung und seiner emotionalen Erfahrung ab.

Um dennoch konkreter zu werden, verlässt Erwin Koch-Raphael das Medium Musik und nutzt ganz bewusst textliche Mittel. Zu ihnen gehören die Titel seiner Kompositionen. Und auch nachdem er 1988 begonnen hatte, die Stücke nur noch durchzunummerieren, tragen viele von ihnen Untertitel. Diese Titel vermitteln eine bestimmte Atmosphäre. Die gleiche Funktion schreibt der Komponist den Werkkommentaren zu, die der Hörer im Programmheft lesen kann und die ihn tiefer in die Welt der Komposition einführen.

Erwin Koch-Raphaels Themen sind vielfältig. Die »NachtStücke« (1974) zum Beispiel beschäftigen sich mit der Romantik und ihren Fantasiegebilden. Hier geht es um Erfahrungswelten jenseits des Rationalen. In »composition no. 39« (1988) thematisiert Koch-Raphael die mathematische und zugleich magische Welt der Zahlen, in »composition no. 74 (I told you)« (2015) Gerechtigkeit und Humanität. All diese Themen bewegen sich in Bereichen, in denen es um Grundsätzliches oder Grenzerfahrungen geht, um Emotionales, Magisches oder Unsagbares und deren Wirkung auf das Unterbewusstsein, auf die Emotionen und den Körper. Die Musik soll eine Resonanz beim Hörer erzeugen, den Intellekt und das Gefühl anregen, den Geist und den Körper bewegen.

2.3 Die Kluft des Unbekannten: Grenzräume und Parallelwelten

Um solche Resonanzen im Hörer zu erzeugen nutzt Erwin Koch-Raphael die Besonderheit der Musik, ihren Unterschied zu anderen kreativen Disziplinen wie bildende Kunst oder Literatur. Negativ betrachtet ist das ihre Unfähigkeit, Inhalte konkret auszusprechen. Sie kann kaum mehr als Analogien und Korrespondenzen formulieren. Das Wesen des Klangs ist nun einmal nicht semantisch im Sinn der Sprache. Positiv gewendet öffnet der Mangel an Konkretheit des Klingenden, seine Unbestimmtheit, weite Freiräume. Es besteht eine Kluft zwischen Klang und Inhalt, zwischen dem sinnlich erfahrbaren Kunstprodukt und seinem Bezug zu einem außermusikalischen Thema. Dadurch besitzt die Musik etwas Enigmatisches. Ihr Sinn, ihr Thema oder ihr Inhalt, wie immer man es nennen möchte, lässt sich eher ahnen als konkret wissen.

Man kann auch sagen, und so sieht es Erwin Koch-Raphael, dass Musik Türen zu Grenzräumen öffnet, in denen sich Unbekanntes offenbart. »Die Kunst ist nicht darauf aus, das Unbekannte aus der Welt zu schaffen, vielmehr durch eine experimentierfreudige offene Geisteshaltung immer neue Beziehungen und Verbindungen zu stiften. Als Verkörperungen, die erfahren werden müssen, um die Kontexte verstehend zu durchdringen. Aus dieser experimentellen Haltung heraus werden jene (imaginären) Räume des Übergangs gefunden, die ein konstruktives Aus- und Aufbrechen des menschlichen Wahrnehmungsvermögens ins Unbekannte ermöglichen«,[18] schreibt die mit Erwin Koch-Raphael befreundete bildende Künstlerin und Kunstwissenschaftlerin Eva Koethen. Auf sehr ähnliche Weise versteht Koch-Raphael die Funktion der Musik. Auch er möchte mit seinen Arbeiten ins Unbekannte aufbrechen.

Klang und Akustisches besitzt wegen seiner teils unkontrollierbaren und unmittelbaren Wirkung auf das Unterbewusste und seine Eigenschaft, Grenzräume zu öffnen, eine sehr starke suggestive Kraft. Wesentliches von Musik kann daher nicht mit Worten, nicht mit sprachlichem Denken erfasst, sondern »nur« gehört beziehungsweise gespürt werden. Es befindet sich in einem Zwischenbereich, der weder systematisierbar noch rationalisierbar ist. Das meint Erwin Koch-Raphael mit Grenzräumen: »Für mich ist Kunst und damit auch Musik der Grenzraum zwischen Wildnis und Zivilisation, zwischen Chaos und Ordnung. Kunst spiegelt unser Dasein zwischen Tod und Leben. In meiner kompositorischen Arbeit drückt sich dies zwischen den Polen strenger Konstruktion und Spontaneität, zwischen freier intuitiver Gestaltung und strukturellem Arbeiten aus. Was mich interessiert, sind also die Übergänge zwischen diesen existenziellen Extremen.«[19]

In einem solchen Grenzraum bewegt sich der Stalker in Andrei Tarkowskis gleichnamigem Film. Dort heißt der Raum »Zone«. Der Schriftsteller und Literaturkritiker Peter Hamm beschrieb ihn wie folgt: »Vollkommen menschenleer wirkt dieses Gebiet mit seinen zerstörten und unter Wasser stehenden Industrieanlagen wie nach einer nuklearen Katastrophe. Erst als die Männer den Jeep mit einer Draisine vertauscht und mit dieser eine endlos scheinende Strecke hinter sich gebracht haben, umfängt sie auf einmal Vegetation, tropisch üppige sogar, doch immer noch durchsetzt von den Zeugnissen einer zerstörerischen Zivilisation: zerborstenen Panzern, Beton-Unterständen, kasernenartigen Ruinen, verrostenden Drogenspritzen im Wasser. ... Vor einem Hades-Assoziationen weckenden schlierigen Fluß, hinter dem drohend riesige

Kraftwerke aufragen, gehen sie, begleitet von jenem schwarzen Schäferhund, der bereits in der Zone, als die drei Männer einmal erschöpft schliefen, stumm neben ihnen auftauchte wie der Bote aus einer anderen Welt.«[20]

Erwin Koch-Raphael kennt und bewundert Tarkowskis Film, der auf dem Science-Fiction-Roman »Picknick am Wegesrand« der Brüder Arkadi und Boris Strugazki zurückgeht. Das Interesse des Komponisten richtet sich auf Felder, die der dort beschriebenen Zone gleichen. Denn in ihnen öffnen sich Ansichten von Realität, die hinter der direkt erfahrbaren alltäglichen verborgen sind und sich normalerweise dem Blick entziehen. Es sind Parallelwelten, die viel eher als die gewohnte Alltagswelt neue Erlebnisse, Erfahrungen und Erkenntnisse ermöglichen.

Erwin Koch-Raphaels Parallelwelten sind meistens nicht so düster und verfallen, wie Tarkowski sie in seinen suggestiven Filmbildern zeigt. Auf gleiche Weise jedoch dienen sie als Aktionsfelder der Fantasie, als Möglichkeitsfelder, die sich jenseits von Grenzen öffnen: jenseits der Grenzen der Alltäglichkeit, der Rationalität oder, auf Musik bezogen, jenseits der musikalischen Struktur. Diese produziert gewissermaßen ein Gerüst. Dort aber kommt es weniger auf die tragenden Elemente an, sondern mehr auf die Zwischenräume der Strukturen. Die Aufgabe von Musik sei es, meint Erwin Koch-Raphael, vor allem diese Räume erfahrbar zu machen und den Geist für sie zu öffnen.

In diesem Sinn ist Musik eine Art Medizin beziehungsweise ein Heilmittel. Sie ermöglicht uns unmittelbare Erfahrungen, denen in unserer Gesellschaft wenig Raum beigemessen wird. Darüber hinaus öffnen solche Erfahrungen den Blick auf das Wesen der Dinge, das man vielleicht aufwendig mit Worten beschreiben könnte, dann aber ihr Unmittelbares nicht erfassen würde. Auf ein solch unmittelbares Erfassen richtet sich die Arbeit der japanischen Teeschalen-Töpfer, die hier als Vergleich aus einem völlig anderen Metier herangezogen seien. Ihnen geht es darum, ein direktes, nicht beschreibendes, sondern unmittelbares Erleben des Wesens einer Teeschale, des Wesens ihrer Materialität zu erreichen.

»Diese Schalen sind oft unsymmetrisch und von unregelmäßiger Gestalt: ihre Glasur wirkt wie eine Art Moos, das sich immer weiter über die Wandungen auszubreiten scheint; sie sind ungleichmäßig, von Rissen durchzogen und mit Klumpen, Kratzern und Fremdkörpern durchsetzt. Aber sie sind nicht nur unvollkommen, sondern wirken in ihrer natürlichen, karstigen Patina alt und verwittert. Nichts an ihnen deutet auf eine bewusste künstlerische Absicht hin, ihr einziger Sinn scheint in ihrer Funktion zu liegen. Doch all dies täuscht. Jahrzehntelang haben die Töpfermeister an der Zen-Kunst des kontrollierten Zufalls gefeilt, und eines ihrer obersten Prinzipien ist Wabi, die Absage an alle funktionslosen, bloß dekorativen Objekte, an polierte Oberflächen, künstliche Formen und Farben und an Verarbeitungsweisen, die der Natur des verwendeten Materials widersprechen.«[21]

Solche Teeschalen kehren die Substanz und die Eigenschaften der Materie nach außen. Sie wollen diese vorführen, aber nicht durch rationale Betrachtung. Sie sollen sinnlich, nämlich optisch und haptisch erfahrbar und erlebbar sein. Die Teeschale verkörpert die Wirklichkeit jenseits abstrakter Beschreibung. In ihrer Gestalt trägt sie die Gesetzmäßigkeiten, denen sie ihre Existenz verdankt, und lässt ihr Regelwerk und damit ihr Wesen ganz unmittelbar erfahren beziehungsweise erkennen.

Genau das möchte Erwin Koch-Raphael mit seiner Musik erreichen. Er arbeitet natürlich anders als die japanischen Teeschalen-Töpfer, allein schon, weil er sich mit einem ganz anderen Material beschäftigt. Aber die Ziele der Töpferkunst ähneln dem Bestreben des Komponisten. Mit seiner künstlerischen Arbeit, mit seinen Klangwelten möchte er sinnliche Erfahrungswelten öffnen und mit ihnen eine Welt der Unmittelbarkeit betreten.

2.4 Wissenschaft, Philosophie und offenes Denken

Mit dem berühmt gewordenen Satz »Die Welt ist alles, was der Fall ist«,[22] beginnt der »Tractatus logico-philosophicus« des Philosophen Ludwig Wittgenstein, den Erwin Koch-Raphael sehr schätzt. »Wittgensteins Klarheit des Denkens und dessen Vermögen, in formaler Sprache Humanes zum Ausdruck zu bringen, sind für mich Vorbild. Wenn ich merke, dass ich zu weit auseinanderfalle oder etwas nicht in einen Prozess zusammengefasst bekomme, hilft es mir, an Wittgensteins Schriften zu arbeiten oder an meiner eigenen Abhandlung, die ich nach seiner verfasst habe«, äußerte Koch-Raphael in einem Gespräch mit dem Autor. In seinem Text »Variation über Wittgenstein«[23] übertrug der Komponist Wittgensteins Sprachmodus auf Gedanken über Musik und Komponieren, denn das »Alles«, was der Philosoph gemeint hat, möchte er kompositorisch erforschen.

Die Fragen, die Koch-Raphael sich stellt und auf die er mit seiner Musik nach Antworten sucht, sind meistens grundsätzlicher Natur. Kurz gesagt möchte er wissen, wie die Welt funktioniert. Anfangs schien ihm die Religion Antworten zu geben, wobei er sich bereits als Jugendlicher über seine christliche Prägung hinaus zu asiatischen Vorstellungen, insbesondere dem Hinduismus hingezogen fühlte. Erwin Koch-Raphael interessiert sich auch für Physik, die er eine Zeit lang sogar studieren wollte. Diese Wissenschaft ist tief in das Reich der Elementarteilchen vorgestoßen und hofft dort das Wesen der Materie zu erkennen. Mit der Exploration des Kleinsten korrespondiert die Astronomie, die das Größte, nämlich das gesamte Universum ins Visier genommen hat. Sie erforscht die Ausdehnung unserer Welt und fragt ebenfalls nach ihrem Wesen. Der Komponist beschäftigt sich auch mit der Philosophie des Geistes. Diese setzt sich mit unserem Bewusstsein auseinander und hofft, auf diesem Weg mehr über die Bedingungen unserer Existenz zu erfahren.

Erwin Koch-Raphael ist ein entschiedener Gegner des Materialismus, der in manchen Naturwissenschaften noch vertreten wird. Dort herrscht nach wie vor der reduktionistische Materialismus, der der längst überkommenen Vorstellung des Descarteschen Geist-Körper-Dualismus folgt und die Welt ausschließlich materiell erklären möchte. Das Geistige, die Gefühle, die Empfindungen und die Träume werden als Nebenprodukte der physikalisch-chemischen Aktivität von Nervenzellen beschrieben. »Geistig-psychische Zustände unterliegen eindeutig physikalisch-physiologischen Bedingungen«, behauptet der Biologe und Hirnforscher Gerhard Roth.[24]

In den 1980er Jahren bezeichnete der Astrophysiker Erich Jantsch den reduktionistischen Materialismus als »abstrakte Denkschrumpfung« und »gemeingefährliches Phänomen«.[25] Obwohl es so klingt ist das nicht polemisch gemeint, sondern konkret auf die tatsächlichen Gefahren bezogen, die ein solches Denken mit sich bringt. Denn nach wie vor herrscht es in unserer Gesellschaft vor. Die Reduktion auf das Einzelne hat zu einer Betrachtung der Welt in einfachen Ursache-Folge-Ketten geführt.

Diese Fokussierung kann allerdings der Komplexität unserer Lebenswelt nicht gerecht werden. Sie führt zu massiven Fehlentwicklungen im Umgang mit der Natur und bei den Strukturen unserer Gesellschaft: etwa die technokratischen Eingriffe in ökologische Systeme, die verheerende Umweltschäden zur Folge haben, oder die eindimensionale Logik der Wachstumsökonomie, die soziale Probleme stetig verschärft. »Diese Einengung führt zu den typischen Fehlern im Umgang mit komplexen Systemen. Simple Ursache-Wirkungs-Beziehungen gibt es nur in der Theorie, nicht in der Wirklichkeit. Dort regieren indirekte Wirkungen, Beziehungsnetze und Zeitverzögerungen, die oft eine Zuordnung der Ursachen verhindern, was dann – da man die Systemzusammenhänge nicht erfasst – die Folgenabschätzung von Eingriffen zusätzlich erschwert«, meint der Biochemiker und Systemforscher Frederic Vester.[26]

Anders betrachtet kann man sagen, dass der Materialismus in der Wissenschaft wie im Leben Denkmöglichkeiten ausschließt und den Erfahrungshorizont des Menschen einschränkt. Hier führt der Weg zurück zu Erwin Koch-Raphaels Musik. Denn er möchte gerade das Gegenteil erreichen. Er möchte das Denken (und das Empfinden) öffnen und erweitern. Deshalb interessiert er sich besonders für die vom Materialismus vernachlässigten und ausgeschlossenen Bereiche. Auf sie richten sich seine außermusikalischen Forschungen. Deshalb interessiert er sich für Mythologie, Alchimie, Astrologie, Astronomie, Okkultismus, das I Ging und theoretische Physik. Und deshalb liest er Bücher von Autoren wie dem US-amerikanischen Philosophen Thomas Nagel, der einleuchtende Argumente vorgelegt hat, dass eine materialistische Erklärung unserer Existenz (ebenso wie eine religiöse) Grenzen setzt, beobachtbare Phänomene ausschließt und daher nicht gelingen kann.

Thomas Nagel hat Überlegungen zu alternativen Ansätzen vorgelegt. »Ein wesentlicher Grundzug eines solchen (nicht-materialistischen und nicht-religiösen, Anm.

d. Autors) Verständnisses bestünde darin, das Auftreten von Leben, Bewusstsein, Vernunft und Wissen weder als zufällige Nebenfolgen der physikalischen Gesetzmäßigkeit der Natur noch als das Ergebnis eines intendierten Eingreifens von außen in die Natur zu erklären, sondern als eine erwartbare, wenn nicht gar zwangsläufige Konsequenz der Ordnung, welche die natürliche Welt von innen beherrscht. Diese Ordnung müsste physikalische Gesetzmäßigkeiten einschließen. ... Man wird eine erweiterte, aber dennoch einheitliche Form der Erklärung brauchen, und ich vermute, sie wird teleologische Elemente beinhalten müssen.«[27]

Thomas Nagel ist der Meinung, dass es Gesetzmäßigkeiten gibt, dass es eine wie auch immer geartete Ordnung gibt, die den Dingen zugrunde liegt, und zwar sowohl den materiellen wie den geistigen. Und er vermutet, dass diese Gesetzmäßigkeiten eine Richtung vorgeben, in der sich der Mensch und das Universum entwickeln. Davon ist auch Erwin Koch-Raphael überzeugt. Deshalb stellt er immer wieder die Frage, welchen Regeln das Universum seine Existenz verdankt. Deshalb interessiert er sich für die erstaunlichen Ergebnisse der modernen Physik und Astronomie und hält sich über die aktuellen Forschungsergebnisse auf dem Laufenden.

Diese Forschungsergebnisse haben unser klassisches Weltbild völlig über den Haufen geworfen. Bis heute gibt es lediglich Spekulationen darüber, wie die neu entdeckten Gesetzmäßigkeiten zu interpretieren seien und welches Bild von der Welt sie uns geben könnten. Aber sicher ist, dass sie ein neues Denken erfordern, um die Welt zu verstehen. »Wir haben gelernt, auf eine ganz bestimmte Art zu denken«, schreibt die Philosophin Natalie Knapp. »Mit dieser Art des Denkens strukturieren wir unseren Alltag, betreiben Wissenschaft, Wirtschaft und Politik. Sie ist für uns wie eine zweite Haut geworden, die wir schon so lange tragen, dass wir sie gar nicht mehr bemerken. Über viele Jahrhunderte hat sie uns gedient und geschützt, doch inzwischen sind wir herausgewachsen. Unsere Denkstrukturen sind zu eng geworden.«[28]

Es geht also um eine Öffnung des Denkens über die gewohnte Kausallogik, über einfache Ursache-Folge-Beziehungen und auch über das streng Rationale hinaus. »Im Gewebe von Menschen und Natur ... sind Sinn und Unsinn miteinander vermischt, und an die Stelle von Kausalketten treten Zeichen und assoziative Verknüpfungen«,[29] schreibt der Anthropologe Richard Grossinger. Offenes Denken bewegt sich nicht nur im Bereich der Rationalität, sondern ebenso auf dem Feld von Analogien, Symbolen, Korrespondenzen und Synchronizitäten. Kurz gesagt sind das Denkformen, bei denen man äußere oder strukturelle Ähnlichkeiten zwischen Dingen beobachten kann, die offensichtlich nicht in einem kausalen Zusammenhang stehen.

Ein solches Denken liegt zum Beispiel der Signaturenlehre zugrunde, die es seit der Antike gibt. Im 16. Jahrhundert hatte der Arzt und Mystiker Paracelsus ihre Prinzipien ausformuliert, nämlich die Beobachtung von morphologischen Ähnlichkeiten zwischen Pflanzen und menschlichen Organen. Daraus wird rückgeschlossen, dass

1974

eine Pflanze mit einer bestimmten Form eine Heilwirkung auf ein Organ mit einer ähnlichen Form besitzt. Manche dieser Wirkungen hat man naturwissenschaftlich durch den Nachweis der Inhaltsstoffe erklären können und damit einen Kausalzusammenhang erkannt. Für andere Pflanzen aber ist das nicht gelungen, und dennoch entfalten sie Heilwirkungen. Ein ähnliches Phänomen ist die Selbstähnlichkeit, die man in der fraktalen Geometrie entdeckt hat. Sie besagt, dass man in kleinen wie großen Strukturen eines Objekts die gleichen Formen findet. Man stellt Ähnlichkeiten fest, ohne dass es eine direkte Kausalverbindung gibt. Die Selbstähnlichkeit kann man in der Natur vielfach beobachten, sehr deutlich etwa an den Blättern von Farnen oder bei von oben fotografierten Küstenformen.[30]

Erwin Koch-Raphael hat Paracelsus´ Schriften gelesen, was zurück zu seiner Musik führt. Denn der Signaturenlehre vergleichbar arbeitet der Komponist mit Ähnlichkeiten. Manchmal kann man das direkt an der Klangoberfläche seiner Werke erkennen. In »La mer est ton miroir« etwa spürt man durch Triller, Glissandi und Differenztöne geradezu handgreiflich die Bewegungen und die Fluidität des Wassers. In »Land der Nacht« veranschaulicht die düstere Klangatmosphäre die Gefangenschaft des Dichters Kim Chi-Ha. Und im Mittelteil der »composition no. 55 (concertino)« verkörpert eine sich frei bewegende Melodie den Gesang einer irischen Fee. Diese drei Werke werden im Kapitel 5 genauer beschrieben.

Meistens befinden sich solche Ähnlichkeiten und Entsprechungen auf einer tieferen Ebene der Musik. Häufig zum Beispiel arbeitet Erwin Koch-Raphael mit Zahlenproportionen, die er in den außermusikalischen Themen seiner Werke findet. Diese Zahlenproportionen überträgt er auf musikalische Strukturen. Durch die Ähnlichkeit der Proportionen zwischen außermusikalischen Themen und Musik implementiert er Inhalte in die klangliche Gestalt. Oder er übersetzt Begriffe und Worte in Morsezeichen und nimmt die Abfolge dieser Zeichen als Grundlage für Rhythmen in seinen Werken. Auch das wird in Kapitel 5 an den entsprechenden Werken genauer dargestellt. Solche Korrespondenzen sind nicht unmittelbar verständlich. Aber sie verleihen der Musik eine bestimmte Atmosphäre, die wiederum eine suggestive Wirkung beim Hörer erzeugt.

Erwin Koch-Raphael bezeichnet solche Ähnlichkeiten, Korrespondenzen oder Entsprechungen gern als Synchronizitäten. Auf gleiche Weise hat der Psychologe Carl Gustav Jung diesen Begriff für die Beschreibung akausaler Sinnzusammenhänge verwendet.[31] Jung bezeichnet zusammenfallende Ereignisse, die keinen kausalen Zusammenhang erkennen lassen, als »sinngemäße Koinzidenzen«. »Obschon sinngemäße Koinzidenzen in ihrer Phänomenologie unendlich verschieden sind, so bilden sie als akausale Ereignisse doch ein Element, das in das naturwissenschaftliche Weltbild gehört. Kausalität ist die Art, wie wir uns die Brücke zwischen zwei aufeinanderfolgenden Ereignissen vorstellen. Synchronizität aber bezeichnet den zeitlichen und sinngemäßen Parallelismus von psychischen und psychophysischen Ereignissen, welche unsere bisherige Erkenntnis nicht auf ein gemeinsames Prinzip reduzieren konnte.«[32]

Auf all diesen Wegen, mit kausalem und akausalem Denken, versucht Erwin Koch-Raphael die Regeln zu verstehen, nach denen das Universum funktioniert. Neben der Beschäftigung mit einer Vielzahl von Themen ist das Komponieren sein zentrales Mittel, an diesem Verstehen zu arbeiten. Denn Musik ist per definitionem ein regelhaftes Geschehen. Stellt man Beziehungen zwischen den Tönen her, meint Erwin Koch-Raphael, dann folgt man damit einem Regelwerk, das diese Beziehungen ermöglicht. Ein einfaches Ton-Regelwerk ist das Liedschema der sogenannten U-Musik, dass auf einer achttaktigen Melodie, einer schlichten Refrainform sowie einigen wenigen harmonischen Abfolgen beruht. Ein komplexeres Regelwerk ist die Sonatenhauptsatzform der klassisch-romantischen Musik. Und in der neuen Musik ist das bekannteste System die Zwölftontechnik, bei der alle zwölf Töne gleichberechtigt verwendet werden sollen und auf diese Weise neue musikalische Formen entstehen.

Mit solchen Regelwerken (oder Kompositionstechniken) entstehen Klanggestalten, deren struktureller Sinn, deren Logos sich aus den Regeln ergibt. Im Lauf der Musikgeschichte wandelten sich diese von Jahrhundert zu Jahrhundert. Im 19. und beginnenden 20. Jahrhundert dann haben sich allgemeinverbindliche Übereinkünfte, wie zu komponieren sei, aufgelöst, und die Komponisten schlugen je verschiedene Wege ein. Heute muss jeder Tonsetzer seine eigene Kompositionstechnik entwerfen.

Komponieren heute bedeutet also zunächst das Schaffen von und Experimentieren mit Regelwerken und schließlich das Anwenden dieser Regeln auf das klingende Material. Wenn man so will, und Erwin Koch-Raphael sieht das so, ist Komponieren ein Spiel mit Regeln. Der Komponist hat schon früh in seiner Laufbahn, im Jahr 1974, ein solches Regelwerk entwickelt. Er nennt es das »Komponieren mit dem Prinzipalrhythmus«, das in Kapitel 3 beschrieben wird.

Dieses musikalische Regelwerk nun kann außermusikalische Regelwerke spiegeln. So versteht es Erwin Koch-Raphael. Der Komponist untersucht die außermusikalischen Themen seiner Werke auf ihre Strukturen, auf ihre Zahlenproportionen, auf Bilder, Zeichen oder Symbole, die in ihnen enthalten sind. Diese Proportionen und Zeichen bilden die strukturelle Basis für Tonbeziehungen, also musikalische Strukturen. Sie stellen eine Korrespondenz oder Analogie beziehungsweise eine Synchronizität zwischen außermusikalischem Objekt und Musik her. Man kann auch sagen, dass sich auf diese Weise die Phänomene der Welt, die Erwin Koch-Raphael in seinen Kompositionen thematisiert, in der Musik sedimentieren.

2.5 Hinduismus und östliches Denken

Erkenntnisse hat Erwin Koch-Raphael nicht nur in der westlichen Wissenschaft und Philosophie, sondern auch im Gedankengut der ostasiatischen Welt gesucht. Dort beschäftigt man sich ebenfalls mit Fragen nach den Bedingungen unserer Existenz. Die Methodik jedoch ist eine andere. Knapp gesagt richtet sie sich nicht wie die westliche Wissenschaft auf die Materie, sondern auf das Bewusstsein. Es geht um die unmittelbare Erfahrung eines von Inhalten befreiten Bewusstseins. Stehen bei uns im Westen Forschung und Wissenschaft im Vordergrund, so sind es im Osten Yoga und Meditation.

»Auf seine Essenz zurückgeführt ist das östliche Wissen eine Form des Seins, ein Bewusstseinszustand, der klar und sich selbst genügend ist. In seinem ganzen Umfang wird östliches Wissen dieser Idee natürlich nicht gerecht. Doch trägt es ihr Zeichen deutlich genug, um klar werden zu lassen, dass es letztlich auf das reine Bewußtsein ausgerichtet ist, um dort seine Erfüllung zu finden. So erfreut sich das Subjekt im Osten einer unmittelbaren Beziehung zu sich selbst.«[33] Oder, wie C. G. Jung es formuliert: »Für uns zählen Einzelheiten an und für sich; dem östlichen Geist ergänzen sie stets ein Gesamtbild. In diese Ganzheit sind nun, wie schon in der primitiven oder in unserer (zum Teil noch vorhandenen) mittelalterlichen, vorwissenschaftlichen Psychologie, Dinge einbegriffen, deren Verbindung mit den anderen nur noch als ›zufällig‹, das heißt als Koinzidenz, deren Sinngemäßheit als arbiträr erscheint, aufgefaßt werden kann.«[34]

Erwin Koch-Raphael hat sich Vorstellungen des Hinduismus, besonders des Brahmanismus zu eigen gemacht. Dabei interessieren ihn vor allem die Prinzipien, die hinter den konkreten Gottheiten und Begriffen stehen. Brahman etwa bedeutet ein allgemeines Prinzip für das Höchste und Unfassbare, das als Impulsgeber für alle anderen Prozesse fungiert. Diese Vorstellung ist dem Komponisten sympathisch, denn sie geht davon aus, dass im Universum Regeln existieren und dass diese Regeln die Existenz des Universums und des Menschen bestimmen.

Die Beschäftigung mit dem asiatischen Denken wurde durch die Begegnungen mit seinem koreanischen Kompositionslehrer Isang Yun und seinem japanischen Kommilitonen Toshio Hosokawa intensiviert. Mit beiden traf er auf Persönlichkeiten, die in der Kultur ihres Landes tief verankert waren beziehungsweise sind. Der Austausch mit ihnen hatte tiefgreifenden Einfluss auf Erwin Koch-Raphaels Gedankenwelt. Es führte ihn zu einem offeneren Verständnis von Religion. Denn in der asiatischen Welt bedeutet Religion nicht das gleiche wie in unserem Kulturkreis. Sie tritt zwar auch in Form dogmatischer Glaubenssysteme auf, ist aber häufig mit einem philosophischen Denken verschränkt. Einige Formen der asiatischen Religionen wie der Zen-Buddhismus haben die Glaubenselemente abgeworfen und sind eigentlich Philosophien.

Die Begegnung mit den Vorstellungen aus dem ostasiatischen Kulturkreis präg-
te Erwin Koch-Raphaels Verständnis von Zeit und Zeiterleben, was sich in seinen
Kompositionen sicht- und erfahrbar niederschlägt. Und sie prägte ganz wesentlich das
Verhältnis des Komponisten zur Körperlichkeit.

2.6 Körperlichkeit

Die Körperfeindlichkeit des Christentums war Erwin Koch-Raphael immer
fremd. Bereits in der Jugend hatte er sich deshalb für den Hinduismus begeistert und
vor allem Publikationen des Anthropologen und Psychologen William S. Haas gelesen, der ein profunder Kenner des ostasiatischen Denkens war. An diesem Denken
gefällt Koch-Raphael der völlig selbstverständliche Einbezug von Körperlichkeit in
alle Aspekte des Lebens. »Ein einsamer, aber angenehmer Ort für das eigene Haus, mit
ebensolcher Umgebung – selbst Blumengärten, die schön anzusehen sind – und wohl-
schmeckende, nahrhafte Speisen dienen diesem Zweck und zeigen in ihrem scharfen
Gegensatz zur christlichen Asketik, daß man sich dem Problem Körper am besten mit
äußerster Vorsicht und Zartheit nähert. Dies alles stimmt mit jener wahrhaft asiatischen Weisheit überein, daß wir, je mehr wir gegen etwas kämpfen, desto sicherer sein
Sklave werden, und je mehr wir versuchen, vor etwas zu fliehen, desto mehr Gefahr
laufen, davon umstrickt zu werden. Den Körper zu kasteien oder gegen das Fleisch zu
wüten, ist nutzlos.«[35]
Erwin Koch-Raphael sieht und empfindet eine innige Verbindung zwischen dem
Körperlichen und dem Geistigen. Die westliche Philosophie und Wissenschaft der
Neuzeit, und zuvor bereits die christliche Religion, hatten beides getrennt. Das spiegelt
der von Descartes formulierte Geist-Körper-Dualismus, der tief in der abendländischen Kultur verwurzelt ist und unser Denken immer noch beeinflusst. Beschäftigt
sich die westliche Naturwissenschaft mit dem Geist, so versucht sie meistens das Geistige als Eigenschaft des Körpers zu deuten, also konkrete Bewusstseinsinhalte mit
ganz bestimmten Aktivitäten von Nervenzellen zu erklären.
Hingegen ist man sich in der psychologischen und philosophischen Bewusstseins-
forschung weitgehend einig, dass man Körper und Geist nicht trennen kann, dass ma-
terielle und vom Körperlichen unabhängige geistige Phänomene als wesensverschie-
den und gleichermaßen existent anerkannt werden müssen. Das haben Philosophen
wie Thomas Nagel und John Searle dargelegt[36] und der Anthropologe Richard Grossinger schreibt: »Der Organismus ist jedoch ein integriertes Ganzes und unterscheidet
zwischen diesen Dingen in Wirklichkeit nicht. Unser Intellekt tut das vielleicht, aber
unser Körper liest die Welt nicht so. ... Unser Körper unterscheidet selbst nicht zwischen dem Geistigen und dem Körperlichen; er besitzt eine Kenntnis seiner selbst, ja
sogar eine Weisheit, die beiden vorangeht und beide in sich vereint«.[37]

Seit langem schon kennt man die körperlichen Reaktionen auf bestimmte Musikstücke: Schweißausbrüche, Erhöhung von Pulsfrequenz und Blutdruck oder umgekehrt Entspannung der Muskulatur. Vieles davon wird in der Musiktherapie, der Werbung und der Filmindustrie gezielt eingesetzt. Diese körperlichen Reaktionen sind Äußerungen des emotionalen Feldes, das die Musik im Hörer erzeugt und das äußerst komplex sein kann. Die neurowissenschaftliche Forschung hat überdies Ergebnisse erbracht, welche die Untrennbarkeit von physikalisch-chemischen Körpervorgängen (ein materielles Phänomen) und Emotionen (ein geistiges Phänomen) verdeutlichen. »Das abendländische Denken ist ein zutiefst dualistisches Denken: Geist gegen Körper, Verstand gegen Gefühle, Willensfreiheit gegen Trieb. Das erste ist jeweils edel und stellt den Menschen in die Nähe des Göttlichen, das zweite ist unedel und bildet das tierische Erbe im Menschen«, kritisiert Gerhard Roth und fährt fort, »daß Großhirnrinde (Sitz des Denkens, Anm. d. Autors) und limbisches System (Sitz der Emotionen, Anm. d. Autors) eine unauflösliche Einheit bilden, und daß Kognition nicht möglich ist ohne Emotion.«[38]

Erwin Koch-Raphael empfand schon immer diese innige Verbindung von Körper, Emotion und Geist. Sie entspricht seinen Erfahrungen und prägt sein Denken, sein Leben und sein Verhältnis zur Musik. Bei geistigen Beschäftigungen, wie dem Komponieren, empfindet er die gleichen Gefühlsqualitäten und -intensitäten wie bei körperlichen Aktivitäten. Tatsächlich hat man in der Neurobiologie Zusammenhänge zwischen bestimmten geistigen Erlebnissen und konkreten Empfindungen entdeckt. Beim Musikhören, beim Konsum von aufputschenden Drogen und bei sexueller Erregung zum Beispiel sind die gleichen Hirnfunktionen aktiv.[39]

In seiner eigenen Profession, bei der komponierten neuen Musik, vermisst Erwin Koch-Raphael Körperlichkeit. Er findet sie in Rock- und Popmusik oder bei den aufwühlenden und spontan mitreißenden Schlagzeugkompositionen von Yannis Xenakis. Koch-Raphael versucht, die dort spürbare, unvermittelte Vitalität auch seiner Musik einzuhauchen. Er möchte eine direkte, unmittelbare Wirkung erzeugen, die auf Geist und Körper gleichermaßen zielt.

Seine Werke sind, wie noch zu sehen sein wird, einerseits sehr rational konstruiert. Wesentliche Teile der musikalischen Gestalt ergeben sich aus strukturellen Vorgaben, die der Komponist formuliert. Doch sollen daraus Klanggestalten entstehen, die dieses Strukturelle transzendieren. Sie sollen das Unterbewusstsein treffen und dort eine intensive emotionale Reaktion hervorrufen. Selbst bei einem Werk wie dem Klarinettenquartett »composition no. 48«, bei dem die Töne extrem strengen konstruktiven Vorgaben gehorchen, entsteht ein Klang, dem man sein Konstruktives nicht primär anhört. Vielmehr wird die Musik gerade durch das Konstruktive stark energetisch aufgeladen. Die strukturelle Gestalt erzeugt eine unmittelbar sinnliche Ausformung, die den Hörer in eine emotionale Erlebniswelt führt. Je nach Hörerfahrung und Entwicklungsstand des Körperbewusstseins können dabei sehr differenzierte nicht-sprachliche Erfahrungswelten erlebt werden. Diese verbinden sich aufs Innigste mit den geistigen Anregungen, die die Musik vermitteln möchte, und eine Musik, die solches leistet, möchte Erwin Koch-Raphael schreiben.

Trotz Fitness-Wahn und Sportbegeisterung wird Körpererfahrung in unserer Gesellschaft immer noch vernachlässigt. Man konzentriert sich auf den Körper, nicht aber auf Körperbewusstsein als ganzheitliche Erfahrung. Denn wir leben in einer Welt, in der das Primat des Intellekts und der Rationalität gilt. Die Entwicklung einer Körper-Bewusstheit zählt dagegen weniger. Es herrscht ein Ungleichgewicht zwischen Körper und Geist, das man beinah überall beobachten kann, in der Wirtschaft, in der Wissenschaft und auch im Kunst- und Musikbetrieb.

Einige Komponistinnen und Komponisten haben in den letzten Jahren darauf reagiert. Jennifer Walshe zum Beispiel arbeitet bei ihren Auftritten grundsätzlich mit körperlichen und performativen Elementen und hat das zum Prinzip erhoben. In einem Text von 2016 nennt sie das die »Neue Disziplin«. »Dieser Begriff ermöglicht mir, Verbindungen zwischen Kompositionen herzustellen, die eine breite Palette unterschiedlicher Interessenlagen umfassen, und doch alle das gemeinsame Anliegen teilen, dass sie im Körperlichen, Theatralen und Visuellen sowie im Musikalischen verankert sind ... Werke, bei denen wir begreifen, dass da Menschen auf der Bühne sind, und dass diese Menschen Körper sind/haben.«[40]

Insbesondere der letzte Satz könnte beinah wörtlich die Beschreibung der Arbeit sein, die Erwin Koch-Raphael 30 Jahre zuvor mit der Gruppe »ganZeit« plante und verwirklichte. Mit dieser Gruppe wollte der Komponist eine Verbindung von Musik, Körper und Performance schaffen. Dabei ging es ihm vor allem um die Möglichkeit, direkte und unvermittelte Körpererfahrungen zu ermöglichen, sowohl für den Interpreten als auch für den Hörer. »Wir brauchen das Körpertheater. Theater hat die Möglichkeit und muss: die Wirklichkeit ›neuschaffen‹, ... Die Körper der Darstellenden und direkte ›Attacken‹ auf die Körper der Zuschauenden dürfen keine Tabus sein, Scham und Moral müssen beim Theater, uraltem, antikem Vorbild folgend, grundsätzlich aufgehoben werden.«[41]

Erwin Koch-Raphael kritisierte bereits damals die Dominanz der Medien und die Tendenz in unserer Kultur, ihnen zuliebe auf unmittelbare Erfahrungen zu verzichten. Fünf Jahre lang führte er mit der Gruppe »ganZeit« Projekte durch, bei denen es um Unmittelbarkeit ging. Die Gruppe improvisierte, trat grundsätzlich außerhalb normaler Aufführungsorte von Musik auf und verband Klangerzeugung mit körperlichen Aktionen beziehungsweise Performances; in Kapitel 5 wird diese Arbeit genauer beschrieben.

Die Arbeit der Gruppe »ganZeit« setzte eine direkte Körperlichkeit gegen eine indirekte, mediale Vermittlung von Sinneserfahrung. Heute haben sich die Bereiche

1987

indirekter Erfahrung massiv ausgeweitet. Die leichte Verfügbarkeit von Bildmedien wie Film und Fotografie, die mittlerweile das Handy mühelos beherrscht, hat diese Medien zu einem selbstverständlichen Element des Alltags gemacht. Jennifer Walshe und einige ihrer Kolleginnen und Kollegen beziehen das in ihre Arbeit ein. Sie bringen mediale Elemente bei ihren Auftritten auf die Bühne und führen sie damit wieder der unmittelbaren Erfahrung zu. Dabei ist, wie bei Erwin Koch-Raphael und »ganZeit«, der Wunsch zu spüren, im Moment der Aufführung eine direkte theatral-körperliche Gesamtwirkung zu erzeugen.

Unmittelbares und körperliches Erleben ist nach wie vor ein zentrales Anliegen von Erwin Koch-Raphael und prägt seine Lebenswelt. Schon in der Jugend hatte der Komponist begonnen, gegen die körperfeindliche Gesellschaft, die ihn umgab, zu rebellieren und nach Körpererfahrungen zu suchen. Später hatte er neben seinem Tonmeisterstudium Kurse in Dirigieren und Rhythmik belegt, weil dort Musikwahrnehmung mit körperlichen Aktionen verbunden wurde. Von elementarer Bedeutung waren die Bewegungskurse bei Frieda Goralewski, die Koch-Raphael seit 1970 besuchte. Bis heute erzählt er immer wieder von der eigenwilligen Körpervorstellung der Bewegungstherapeutin. Sie betrachtete Körperteile als Räume, zum Beispiel die Arme oder die Beine. Diese Räume besäßen eine natürliche Beweglichkeit, die es zu entfalten gelte. Die Arbeit in ihren Kursen richtete sich darauf, eine solch natürliche Beweglichkeit zu erreichen.

Auch hier schließt sich ein Kreis zur Musik. Koch-Raphael möchte mit seinen Stücken in einem ganz direkten Sinn Beweglichkeit provozieren. Sie sollen durch ihre feinsinnige Struktur die Emotionen des Hörers »bewegen«, nicht allerdings wie eine manipulative Filmmusik. Koch-Raphaels Musik steht im Geist einer aufklärerischen Tradition. Sie möchte den Geist ansprechen und Bewusstseinserweiterung in der eigentlichen Bedeutung des Wortes ermöglichen. Und sie verfolgt ein »heilendes« Ziel, indem sie versucht, den Menschen Sinn zu vermitteln.

2.7 Zeit

Erwin Koch-Raphaels Partituren sind meistens konventionell notiert. Der Komponist arbeitet nur selten mit grafischen Mitteln oder Zeitklammern. Die Notation zeigt also nicht direkt, dass die Zeitvorstellung, die seiner Musik zugrunde liegt, vom üblichen chronologischen Verlauf abweicht. Ihre Zeitgestalt äußert sich in der musikalischen Struktur und damit auf einer weniger offensichtlichen Ebene.

Erwin Koch-Raphael hat sich mit dem Thema Zeit schon immer intensiv beschäftigt. Sein Interesse für das Wesen der Zeit begann mit seiner Auseinandersetzung mit asiatischem Gedankengut. Es hat dazu geführt, dass der Komponist zyklische und statische Vorstellungen von Zeit entwickelt und das in seiner Musik thematisiert hat.

Solche Erfahrungen sind uns im Alltagsleben im Allgemeinen weniger vertraut. Am ehesten vielleicht kann man sie beim Meditieren erleben, wie es der Arzt Larry Dossey anschaulich dokumentiert hat: »Nach einer Weile beginne ich dann, mich auf den Gedanken der Zeit zu konzentrieren, und ich visualisiere die Zeit als einen Fluß. Ich sehe diesen Fluß aus großer Höhe, etwa wie aus einem Flugzeug. Ich sehe, wie er sich durch die Landschaft schlängelt. Auf der Oberfläche dieses Flusses gleitet ein großes, orangefarbenes Z dahin, welches langsam von der Strömung getragen wird. Dieses Z ist die Zeit, wie ich sie gewöhnlich erfahre: Sie fließt in eine Richtung und ist aus Vergangenheit, Gegenwart und Zukunft zusammengesetzt. Den sanften Lauf dieses Flusses beobachte ich nun für eine Weile, ohne an irgendetwas Besonderes zu denken. Ich sehe nur, wie das Z langsam dahin getragen wird. Schließlich geschieht etwas Unerwartetes: der Fluß krümmt sich so stark, dass er in sich selbst zurückfließt. Er hat sich in einen kreisförmigen Strom verwandelt. Von einer Art, die ich noch niemals zuvor gesehen habe. Das Z gleitet immer noch auf ihm dahin. Dieser kreisförmige Fluß verändert sich jedoch noch mehr. Er beginnt, das Ufer zu überschwemmen, welches ihn von der Kreismitte abgrenzt. Diese Überschwemmung hört nicht auf und führt schließlich zu der Bildung eines riesigen Sees. Endlich, nachdem der Wasserzustrom zum Stillstand gekommen ist, nimmt der See eine tiefblaue Farbe an und wird ganz ruhig – glatt wie ein Spiegel. In der Mitte dieses tiefblauen Sees sehe ich nun wieder das orangefarbene Z, das bewegungslos auf der Wasseroberfläche liegt. Das Z, die Zeit selbst, hat zu fließen aufgehört. Es gibt keine Vergangenheit, Gegenwart und Zukunft mehr. Die Zeit ist nun endlos geworden. Sie steht still.«[42]

Die Frage, wie es mit der Zeit in einem Musikstück bestellt sei, ist ein wichtiges Thema des zeitgenössischen Komponierens. Komponistinnen und Komponisten reagierten und reagieren damit auf Entwicklungen der Geistesgeschichte des ausgehenden 19. und des 20. Jahrhunderts. Denn spätestens da geriet die am naturwissenschaftlichen Weltbild orientierte Idee einer gleichförmig fortschreitenden Zeit in die Kritik. 1889 beschrieb der französische Philosoph Henri Bergson in seiner Schrift »Zeit und Freiheit« die Zeit als eine Folge unterschiedlich empfundener Dauern. Er stellte damit die durch die klassische Physik formulierte Gleichförmigkeit des Zeitablaufs in Frage. Das bedeutete, dass chronologisch gleich lange Zeitabschnitte nicht gleichwertig sind, nicht gleichwertig empfunden werden und unterschiedliche Qualitäten haben können.[43] Kurz darauf, zwischen 1905 und 1916, publizierte Albert Einstein die Relativitätstheorie, die seiner eigenen Disziplin, der Physik, dem Konzept einer unabhängig und gleichförmig fließenden Zeit den Boden entzog und sie mit dem Raum unauflöslich zusammenschloss. Spätestens seit der poststrukturalistischen Philosophie der 1980er Jahre gilt es als selbstverständlich, dass das Zeiterleben stets subjektiv ist. 1986 veröffentlichte der italienische Philosoph und Politiker Massimo Caccari das Buch »Zeit ohne Kronos«, in dem er unterschiedliche Formen von Zeiterleben darstellt und schreibt: »Die Zeit erscheint nicht mehr als Übergang von Momentum zu Momentum, sondern als Komplex von Ausschnitten, von nicht reduzierbaren Singularitäten.«[44]

Solche nicht reduzierbaren Singularitäten findet man zum Beispiel in Erwin Koch-Raphaels »composition no. 55 (concertino)«. Die solistisch gespielte Violine entfaltet chaotische Ausbrüche und gibt Flüchtiges und nach innen Gewandtes von sich. Es entsteht der Eindruck einer ganz frei fließenden Musik. Man nimmt Abschnitte und Teile der Musik als Einheiten wahr, wobei diese Abschnitte unterschiedlich lang sind und auch so empfunden werden. Sie bilden Zeitfelder oder eben Singularitäten im Sinne Caccaris.[45]

Seit Beginn des 20. Jahrhunderts haben sich viele Komponisten mit der Frage auseinandergesetzt, was Zeit eigentlich sei und wie sie in der Musik erscheine. Viele Zeitgestaltungs-Konzepte weichen von der klassisch teleologischen, sich von einem Anfang zu einem Ende hin logisch entwickelnden Form ab. Ein frühes Stück, welches dieses Zeitkonzept aufbricht, ist das 1914 entstandene Werk »Formes en l´air« vom russischen Komponisten Arthur Lourié. Es gibt keine Taktstriche mehr, und wo nichts zu spielen ist, fehlen sogar die Notenlinien. So stehen kurze Passagen von Musik frei auf dem Notenblatt verteilt. Wie der Titel des Werks verspricht schweben die Töne in einem ganz konkreten Sinn in der Luft. Dabei heben sie quasi spielerisch den kontinuierlichen Zeitfluss der Musik auf.

Bernd Alois Zimmermann hatte in den 1960er Jahren eine zyklische Idee von Zeit verwirklicht, wie man sie auch in vielen außereuropäischen Kulturen findet. Er begriff Zeit nicht als fortschreitendes Vergehen, sondern spricht von einer »Kugelgestalt«. »Damit tritt die Zeitlichkeit als Wesensverfassung des menschlichen Daseins überhaupt in Erscheinung: kosmische Zeit und Erlebniszeit, geschichtliche Zeit und gegenwärtige Zeit, Zeit in ihrer Bedeutung als Kategorie, als Anschauungsform des Subjekts, und zwar, wie Kant es formuliert hat, seines inneren Sinns. Vergangenheit, Gegenwart und Zukunft sind, wie wir wissen, lediglich in ihrer Erscheinung als kosmische Zeit an den Vorgang der Sukzession gebunden. In unserer geistigen Wirklichkeit existiert diese Sukzession jedoch nicht, was eine realere Wirklichkeit besitzt als die uns wohl vertraute Uhr, die ja im Grunde nichts anderes anzeigt, als daß es keine Gegenwart im strengen Sinn gibt. Die Zeit biegt sich zu einer Kugelgestalt zusammen.«[46]

Zimmermanns Zeitgenosse Morton Feldman setzte Klänge in den Raum, die einen Eigenwert entfalten und sich nicht mehr notwendig auf die vorausgehenden und folgenden beziehen müssen. Die Klänge selbst scheinen der Zeit enthoben zu sein. Wie Skulpturen schweben sie in einem gegenwärtigen Raum. Sie sind zwar noch in einen Zeitfluss eingebunden. Aber durch die komplizierten Rhythmen der Musik verflüssigt sich die starre Chronologie.

Das verleiht der Musik eine räumliche Wirkung, wie überhaupt alternative Konzepte von Zeit und Raum in der neuen Musik oft miteinander einhergehen und kaum getrennt voneinander betrachtet werden können.[47] So etwa ist es bei den Stücken von Howard Skempton. Seine im wörtlichen Sinn des Begriffs ein-fachen Kompositionen scheinen um sich selbst zu kreisen. Sie wirken wie Skulpturen, um die herum man schreiten kann. Die Räumlichkeit dieser Musik entzieht einer chronologischen Wahrnehmung den Boden. Die Musik entfaltet keinen fortlaufenden Fluss. Vielmehr kreist die Abfolge der Töne um sich selbst und verleiht der Musik Gegenwärtigkeit. In Anlehnung an Massimo Caccari wäre ein Werk von Skempton eine nicht reduzierbare Singularität.

Diese wenigen Beispiele demonstrieren, dass der kompositorische Parameter Zeit in der neuen Musik intensiv reflektiert wird und dass es durchaus nicht mehr selbstverständlich ist, von einer chronologisch ablaufenden Zeit mit einem teleologischen Ablauf auszugehen. Auch die Zeitgestaltung in Erwin Koch-Raphaels Musik ist nicht streng chronologisch, sondern in gewisser Weise flexibel angelegt. Die Stücke unterliegen keinem einheitlichen Zeitverlauf oder, anders gesagt, keiner Teleologie, bei der am Anfang das Ende bereits zielgerichtet angesteuert wird.

Der Komponist geht jeweils von der Setzung eines Klangs aus. Dieser Klang gibt eine oder mehrere Richtungen vor, aber nicht das Ziel des Ganzen. Es gibt kurze Abschnitte, in denen sich die Musik quasi logisch entwickelt. Dann aber schreibt der Komponist freie Passagen, denen anderes folgt, ohne dass dieses sich notwendig aus dem Vorhergehenden ergäbe. Sieht man das aus der Perspektive der Zeitgestaltung, dann konzentriert sich das Musikerleben in den freien Passagen auf das Jetzt. Andere Stellen wiederum empfindet man eher als Zeitverlauf. Dann aber wirkt dieser häufig nicht »metronomisch«, sondern eher wie ein flüssiges Gebilde.

Das bedeutet, dass die Zeit in Erwin Koch-Raphaels Werken nicht eindimensional erscheint. Sie wird situativ angepasst, gedehnt und gestaucht. Die Töne und Klänge haben durchaus Beziehungen und Zusammenhänge, können von diesen aber jederzeit abschweifen. Das verleiht der Musik eine Biegsamkeit und eine gewisse Momenthaftigkeit. Der Fokus liegt eher auf dem gegenwärtigen Geschehen, als auf dem Erfassen des Ganzen. »Strawinskys Unterscheidung zwischen ontologischer und psychologischer Zeit, die in seinem Konstruktivismus eine große Rolle spielt, und im Gegensatz dazu Cages akausal gefasster Zeitbegriff, der zur Aleatorik führt, sind für mich die Pole, innerhalb derer sich ein Komponist heute frei bewegen kann. Da beide Komponisten für mich außerordentlich wichtig sind und ich ihre Musik auch sehr liebe, fällt es mir besonders leicht, von diesen Polen aus meinen ›Zeitkern‹ zu finden. Ganz besonders hilft mir dabei aber Wittgensteins Ansicht über die Zeit: Sie ist für ihn — dem Raum vergleichbar – das unendliche Möglichkeitsfeld, in dem wir immer nur eine endliche Auswahl, eine begrenzte Zeit also, erleben können. Die Endlichkeiten sind im Unendlichen aufgehoben. Dieser Gedanke ist es, der mich so ungeheuer fasziniert und mich beim Ausgestalten meiner Prinzipalrhythmen stets tief inspiriert.«[48]

2011

Damit korrespondiert, dass Erwin Koch-Raphael sich in Grenzbereichen bewegen möchte. Ganz explizit ist das bei der eben schon erwähnten »composition no. 55
(concertino)« der Fall. Ihr Thema ist der Einbruch von Chaos und Wildnis in Ordnung
und Zivilisation. Die frei fließenden Bewegungen der Violine verkörpern das Wilde,
die kompositorische Struktur, in die sie eingebunden ist, die Ordnung. Wenn man
so will prallen hier zwei Welten aufeinander, deren Zeitgestaltung unterschiedlich ist,
ebenso das Zeitempfinden des Hörers. Es bewegt sich zwischen dem im gegenwärtigen Moment lebenden Violinsolo und der durch den Zeitfluss gleitenden Struktur.

Eine andere Technik verwendet Erwin Koch-Raphael in »composition no. 39«.
Dort sind die Zeitdauern sekundengenau notiert, allerdings nicht, um den Eindruck
eines gleichförmigen, quasi chronologischen Ablaufs zu erreichen. Vielmehr möchte
der Komponist ein Gefühl für bestimmte Proportionen zwischen den einzelnen Teilen des Werks erzeugen, oder, um erneut mit Caccari zu sprechen, das Gefühl von
Singularitäten vermitteln. Hier ist es ein räumlicher Gedanke, der die Gestaltung der
Zeit bedingt.

Wieder anders verhält es sich in »composition no. 73 (popol wuj)«. Sie besteht aus
15 Klavierliedern. Erwin Koch-Raphael schrieb diese Lieder mit unterschiedlichen
Kompositionstechniken. Sie sind stilistisch verschieden und fokussieren mehrere mu-

sikhistorische Epochen. Das spannt einen Zeitrahmen auf, der Vergangenheit und Gegenwart zusammenbringt – was im Übrigen auch ein Thema der Komposition ist.

Bei der Zeitgestaltung seiner Musik arbeitet Erwin Koch-Raphael mit pulsierender Gegenwärtigkeit, mit Statik, Diskursivität und flüssigen Gebilden. All das dient ihm dazu, Grenzräume und Zwischenwelten zu entfalten. Fast immer ist die Zeitgestaltung eine Gratwanderung zwischen geordneten Strukturen und freien, nicht durch rationale Kraft zu bändigenden Faktoren. »Genau das mache ich eben mit meiner Sprache, der Musik«, sagt der Komponist, »Brücken zu schlagen zwischen sichtbar und unsichtbar, zwischen Menschen und Kosmos. Ich stelle einen Kanal ein, stelle Fragen und bekomme auf dem gleichen Kanal Antworten zurück.«[49]

2.8 Zahlen und Zahlensymbolik

Zahlen haben Erwin Koch-Raphael schon immer fasziniert. Häufig spielt er mit Zahlen und Zahlenverhältnissen, nicht nur in der Musik, sondern genauso im Leben. Er misst ihnen mathematische und magische Bedeutung gleichermaßen zu. Ihn interessiert die Symbolik der Zahlen und, ganz konkret, das Auftauchen bestimmter Zahlen in seinem Leben. Deshalb erschien es ihm so schicksalhaft, dass er just an seinem 23. Geburtstag das Kompositionsstudium bei Isang Yun begonnen hatte.

Die Zahl 23 ist eine Primzahl und bereits dadurch in der Reihe der natürlichen Zahlen ausgezeichnet, und ihr wird viel Geheimnisvolles und Mystisches zugesprochen. Sie selbst und ihre Quersumme enthalten und ergeben die basalen Zahlen 2, 3 und 5, die vielen Proportionierungen zugrunde liegen. Die Zahl 23 taucht in der Illuminatus-Trilogie von Robert Shea und Robert Anton Wilson auf, in William S. Burroughs Kurzgeschichte »23 Skidoo«, und ihre Verflechtungen mit vielen Phänomenen auf der Welt bildet das Thema des 1998 produzierten Films »23« von Hans Christian Schmid.

In Erwin Koch-Raphaels Leben spielt sie, will man es so sehen, auch eine Rolle. Hier seien nur zwei Ereignisse genannt: seine ältere Tochter ist am 23. Februar geboren; zugleich ist dieses Datum der Todestag und 23 Uhr die Todeszeit des von Koch-Raphael sehr geschätzten Dichters John Keats. Dies sind Synchronizitäten, die der Komponist auch bei der Zahl 8 häufig in seinem Leben findet, als Postleitzahl, Hausnummer oder Quersumme wichtiger Daten. Auch ist die Acht im Äskulapstab enthalten, dem Symbol des Ärztestandes, dem sich Erwin Koch-Raphael insofern nahe fühlt, als er der Musik eine heilende Wirkung zuspricht; denn sie bewege das Gemüt und rege die Menschen zum Denken an.

»Die Zahlen stecken überall drin. Zahlen und Zählen und Zeit sind Dinge, die hängen miteinander zusammen. Aus der C.-G.-Jung-Schule weiß man, dass es da ganz starke Verbindungen gibt. Eine 1 steht für sich allein, die 2 hat einen Gegenpart, die

3 hat eine Mitte, die 5 hat eine Mitte, die 4 sind vier Kantenpunkte und die ideale Gruppe sind 6. Das weiß man alles. Das sind auch Erfahrungswerte, die man hat, und darauf kommt man immer wieder zurück. Beim Komponieren ist das ein Meditieren über diese Zustände, dass abstrakte Zahlen, die noch nichts mit Gefühlen, mit Spannung oder mit Sozialem zu tun haben, zu etwas werden, was Gefühle und Soziales vermitteln kann.«[50]

Seit 1988, dem Entstehungsjahr von »composition no. 39«, gibt Erwin Koch-Raphael seinen Werken keine Titel mehr, sondern nummeriert sie mit Ausnahme kleinerer Gelegenheitskompositionen durch. Nun kann die Nummer des Werks, wie in »composition no. 39« geschehen, Zahlenverhältnisse ergeben, mit denen der Komponist musikalische Strukturen formuliert. Sie fließen als wesentliches Element in die Konstruktion seiner Kompositionen ein. Die Zahlen bestimmen dann die Rhythmen, die Proportionen und die Tonhöhen.

Erwin Koch-Raphael verwendet diese Zahlen nicht nur als abstrakte Faktoren, um Strukturen zu entwerfen. Sie erlauben es ihm auch, Zusammenhänge zu schaffen. Denn ganz verschiedenen, nicht miteinander verbundenen Dingen können die gleichen Zahlenproportionen zugrunde liegen. Dadurch besitzen unterschiedliche oder gar wesensverschiedene Dinge eine strukturelle Ähnlichkeit, auch wenn das nicht unmittelbar zutage tritt, auch wenn es sich einer direkten Erlebbarkeit entzieht.

So sind Zahlen Erwin Koch-Raphaels Transportmittel, um Synchronizitäten und Analogien zu schaffen oder Symbole zu kreieren. Oft verwendet der Komponist Zahlen, die mit den Menschen, die ihm wichtig sind, zu tun haben. Gerne verschlüsselt er die Namen solcher Menschen in Zahlen und nutzt diese für strukturelle Prozesse beim Komponieren. Mit solchen Techniken verankert er Inhalte in der Struktur seiner Musik. Damit steht er in der musikhistorischen Tradition der Zahlensymbolik, wie sie in Werken von Josquin Desprez oder Johann Sebastian Bach aufscheint. All das kann man nicht direkt hören. Doch sedimentiert es sich in der Struktur der Musik und wird auf eine indirekte Weise eventuell doch sinnlich erfahrbar.

Ein Beispiel für die Verwendung von Zahlen ist das Orchesterwerk »Trollebotn«. Der Komponist fand Zahlen-Korrespondenzen beim Ton E, den er einen »magischen Ton« nennt und der in diesem Werk eine zentrale Rolle spielt. Die Frequenz des tiefen E auf der temperierten Skala (41,2034 Hertz) entspricht in etwa der Frequenz der Gamma-Wellen im Elektroenzephalogramm. Diese Spektren sind zu sehen, wenn das Gehirn Spitzenleistungen vollbringt, wenn der Mensch mystische, transzendente, drogeninduzierte oder sexuelle Erfahrungen macht oder meditiert. Und vor einigen Jahren hat man in der Hirnforschung festgestellt, dass dem Erleben von Zeit neuronale Aktivierungsmuster zwischen 40 und 50 Hertz zugrunde liegen. Genau darum geht es in »Trollebotn«: um die mythische Welt der Trolle und die extrem gedehnte Zeit, die in dieser Welt herrscht (siehe Kapitel 5).

Über das Komponieren hinaus betrachtet Erwin Koch-Raphael Zahlen als einen quasi kosmischen »Urgrund«, wie er sagt, als ein Zeichensystem, welches diesen Urgrund spiegelt. Zahlen sind für ihn etwas ganz Grundsätzliches, da sie Dinge erfassen können, die sich dem sinnlichen Begreifen entziehen. Das ist zum Beispiel in der Elementarteilchenforschung, also der theoretischen Physik der Fall. Deren experimentelle Ergebnisse und Erkenntnisse können nicht mehr mit konkreten Bildern vermittelt werden. Sie entziehen sich der Anschaulichkeit und können nur durch abstrakte mathematische Formeln beschrieben werden. In diesen Formeln dann verbirgt sich Weltverständnis. Zahlen vermögen die inneren Zusammenhänge der Erscheinungen, die uns umgeben, zu erfassen. Sie sind das Mittel, die Gesetzmäßigkeiten des Universums zu beschreiben.

Zahlen haben für Erwin Koch-Raphael eine wissenschaftliche, eine konstruktive, eine symbolische und eine magische Bedeutung. All diese Aspekte spiegeln sich in seinen Kompositionen, indem Zahlenverhältnisse in die musikalische Konstruktion eingewoben werden. Auch wenn man das nicht direkt hören kann, beeinflusst es doch ganz wesentlich die Gestalt der Musik und ihre konkrete, sinnlich emotionale Wirkung. Es schafft eine spür- und erlebbare Konsistenz.

2.9 Science-Fiction und Lyrik

»Und hier warten wir zusammen, unabhängig von unserem Alter, unser Einkaufswagen mit leuchtend bunten Waren bestückt. Eine angenehm langsam vorrückende Schlange, die uns Zeit gibt, einen Blick auf die Groschenblätter in den Ständern zu werfen. Alles, was wir außer Essen oder Liebe brauchen, befindet sich hier in den Groschenblattständern. Die Geschichten des Übernatürlichen und Außerirdischen. Die Wundervitamine, die Heilmittel gegen den Krebs, die Arzneien gegen Fettleibigkeit. Die Kulte der Berühmten und Toten.«[51] Solche Geschichten des Übernatürlichen und Außerirdischen, von denen der US-amerikanische Autor Don DeLillo in seinem Roman »Weißes Rauschen« spricht, interessieren auch Erwin Koch-Raphael.

Deshalb bewegt er sich gern in den Räumen des Unbestimmten und Enigmatischen und beschäftigt sich mit Zahlensymbolik, alten Mythen und nicht zuletzt fantastischer Literatur. Neben E. T. A. Hoffmanns mystisch-romantischen Schriften ist Science-Fiction ein besonderes Interessengebiet des Komponisten. Gern liest er Autoren, die sich mit Grenzbereichen oder grundlegenden Fragen der menschlichen Existenz beschäftigen. Dazu gehört zum Beispiel Ursula K. Le Guin, die in ihrem Roman »Winterplanet« Menschen beschreibt, die ihr Geschlecht wechseln können. Mit dem Titel »Defunctis / Solaris«, dem letzten Satz seines Konzerts für Klavier und Orchester von 1987, erweist Erwin Koch-Raphael Stanislaw Lem seine Reverenz und zugleich Andrei Tarkowski, der Lems Roman 1972 verfilmt hat. Ebenso schätzt Koch-Raphael die fantasievollen Entwürfe außerirdischer Lebensformen und die verschiedenen Wirklichkeitsebenen in den Romanen von Philip K. Dick. An William Gibsons Roman »Neuromancer« faszinierte ihn die Verquickung von realer und virtueller Welt, bei der sich mehrere Existenz- und Handlungsebenen öffnen. Ähnliches geschieht in den »Hyperion-Gesängen« von Dan Simmons, wobei die Handlung in einem komplexen intergalaktischen Raum-Zeit-Gefüge spielt.

Dan Simmons zitiert John Keats, der im Roman als Avatar auftaucht und einer der Lyriker ist, die Erwin Koch-Raphael am meisten bewundert. Das Streichquartett »composition no. 69 (John.Keats)« und das Violinsolo »composition no. 70 (poems)« beziehen sich direkt auf den britischen Dichter. »composition no. 70 (poems)« besteht aus dreizehn Teilen, die mit je einer Zeile aus Gedichten von John Keats überschrieben sind. Hintereinander gelesen ergeben diese Überschriften ein imaginäres Gedicht im Stil von Keats (siehe Werkverzeichnis).

Denn neben Science-Fiction ist Erwin Koch-Raphael vor allem von Lyrik fasziniert, da sie der Musik ähnelt. So wie sich in der Musik Inhaltliches nur durch das Klangsinnliche vermittelt und daher zu einem nicht unerheblichen Grad unbestimmt bleibt, besitzt auch die Lyrik Offenheit und Unbestimmtheit. In diesem literarischen Genre kann mit der Sprache frei umgegangen werden. Ein Lyriker ist nicht an orthografische und grammatikalische Regeln gebunden und darf auch von den gewohnten Bedeutungen der Begriffe abweichen. Lyrik stößt damit in unbekannte, unerforschte, auch diffuse Dimensionen der Sprache und des Begreifens vor. Sie öffnet den Blick in eine Zwischenwelt. »Die Dichtung hat nicht die Aufgabe, das zu schildern, was ist, sondern das, was sein soll; oder das, was sein könnte, als eine Teillösung dessen, was sein soll. Mit anderen Worten: Dichtung gibt Sinnbilder. Sie ist Sinngebung. Sie ist Ausdeutung des Lebens. Die Realität ist für sie Material«, schreibt Robert Musil in seinem Roman »Der Mann ohne Eigenschaften«[52]

Von den Lyrikern, die Erwin Koch-Raphael besonders schätzt, steht John Keats an vorderster Stelle. Der Komponist bewundert ihn, weil sein Werk gegen die Entzauberung der Welt durch die Wissenschaft in seiner Zeit, dem beginnenden 19. Jahrhundert gerichtet sei. In Keats Gedichten ginge es darum, sich in die Welt zu begeben und diese nicht wissenschaftlich, sondern sinnlich und körperlich zu erfahren. Mit Christian Morgenstern hatte sich Erwin Koch-Raphael bereits in seiner Jugend beschäftigt und 1969 Morgenstern-Gedichte vertont. An diesen Texten interessiert ihn die Skurrilität und das seltsame Spiel von Sprachklang und Bedeutung. Er vergleicht die Bilder, die Morgenstern zeichnet, mit manchen Entwürfen von Science-Fiction-Autoren. Die Dinge und Personen dort könnten uns ähnlich, seien aber doch in ihrem Wesen anders. André Gides Sprache nennt Koch-Raphael »grundlyrisch«. Er bewundert an dem französischen Literaten die klare Sicht auf die Dinge, die die alltäglichen Kleinigkeiten zum Leuchten bringe. Außerdem gefällt ihm Gides positive Einstellung zur Welt und seine Bezüge zur griechischen Kultur als Äußerung eines grundlegenden Humanismus. Schließlich führt der Komponist auch Songtexte der Beatles als Inspirationsquelle an. Diese Texte haben vermittelt, sagt er, dass es in der Welt um mehr als nur Geld gehe und dass Liebe ein komplexes Thema sei. Ebenso fesselt Erwin Koch-Raphael die ungebändigte Vitalität in den Texten von Keith Richards und den Songs der Rolling Stones.

Erwin Koch-Raphael liest und rezipiert Lyrik, weil sie ihn in eine künstlerische Erlebniswelt führt, die er auch mit seiner Musik betreten möchte. Gedichte öffnen eine der Musik vergleichbare Kluft. In der Musik ist es die Kluft zwischen Klang und Inhalt, in der Lyrik zwischen Wort und Bedeutung, zwischen der Konkretheit des Wortes an sich, seines Klangs, seines Symbolgehalts und seiner abstrakten Semantik. Koch-Raphael bewundert die Möglichkeitsfelder der lyrischen Sprache mit ihren breiten Assoziationswelten. Sie gestatten Erlebnismomente, die sich außerhalb einer rational diskursiven Welterfahrung abspielen.

2.10 Schlussbemerkung

Vieles ist hier zur Sprache gekommen, was nicht direkt mit Musik zu tun hat: Filme von Andrei Tarkowski, Meditation, die Signaturenlehre, japanische Töpfer, Literaten wie Don deLillo und Robert Musil, Hirnforscher wie Gerhard Roth und Psychologen wie C. G. Jung. Die Vielzahl und die Unterschiedlichkeit der Referenzen sprechen von den lebensweltlichen Vernetzungen, innerhalb derer Erwin Koch-Raphaels Musik entsteht. Genauso spiegeln sie unsere heterogene, verschlungene und letztlich unüberschaubare Lebenswelt. »Die Welt ist doch wirklich groß genug, dass wir alle darin Unrecht haben können«,[53] kommentierte bereits in den 1960er Jahren der Schriftsteller Arno Schmidt die Situation. Die Welt ist groß und zugleich ein Dschungel, auf dessen verzweigenden Pfaden sich Erwin Koch-Raphael bewegt. In seiner Musik kondensieren die Erfahrungen, die er auf diesem Weg macht.

Landschaft in Norwegen.

3. Die Kompositionstechnik

3.1 Der Prinzipalrhythmus

Erwin Koch-Raphael möchte, wie gesagt, mit seiner Musik vor allem Inhalte und Erfahrungswelten vermitteln. »Die Voraussetzung für die Vermittlung einer rein musikalischen oder inhaltlichen Message«, schreibt die Komponistin Brigitta Muntendorf, »ist ein funktionierendes Kommunikationsmodell zwischen musikalischem Setup und Rezipient. Musik ist Kommunikation. Wie konkret sich diese Kommunikation zwischen Urheber und Rezipient gestaltet, kann frei bestimmt werden, jedoch ist es wichtig, ein Bewusstsein dafür zu entwickeln, dass eine wie auch immer geartete Kommunikation stattfindet.«[54]

Ein solches Kommunikationsmodell ist Erwin Koch-Raphaels Kompositionstechnik, obwohl der Komponist Musik ausdrücklich nicht als Kommunikation verstanden wissen möchte. Er betrachtet sie eher als ein gemeinschaftliches Unternehmen zwischen Komponist und Hörer. In diesem Unternehmen gibt es gleichwohl ein »Setup«, eine Kompositionstechnik, die es ermöglicht, Inhaltliches in der Musik zu verankern und im Hörer bestimmte Empfindungen und Gedanken auszulösen. Koch-Raphael nennt seine Technik »Komponieren mit dem Prinzipalrhythmus«. »Am Anfang jeder Komposition steht eine Setzung. Der Prinzipalrhythmus. Die Zeitlinie, ein Sachverhalt. Das weitere ist das Folgende«, schreibt Erwin Koch-Raphael in seinem Text »Variation über Wittgenstein«[55] Von Werk zu Werk hat der Komponist neue Prinzipalrhythmen erdacht oder ältere wieder eingesetzt.

Die Prinzipalrhythmen sind Strukturentwürfe, nach denen Tonbeziehungen gestaltet werden können. Ihre Strukturen bilden den Ausgangspunkt der kompositorischen Arbeit. Auch die bildende Künstlerin und Kunstwissenschaftlerin Eva Koethen, die Erwin Koch-Raphael als Geistesverwandte empfindet, geht von Strukturen als Startpunkt für die Formung einer Skulptur aus: »Mein Ausgangspunkt ist immer die Gegebenheit eines Fundstücks ... Ich erfahre durch die Gegebenheit des Fundstücks keine Beschränkung, sondern eine spezifische Initiation in die Spielräume künstlerischen Tuns, da mit der Anwesenheit dieses Stückchens Welt nichts weiteres (vor) bestimmt wird, da es nur den Raum gebenden Anfangspunkt darstellt, dessen Weg der Entfaltung offen ist.«[56] Analog nennt Erwin Koch-Raphael seinen Prinzipalrhythmus gelegentlich Zeitlinie, Impulsgeber oder Steuerimpuls fürs Komponieren. In ähnlicher Weise ist er ein Start- und Orientierungspunkt für die Gestaltung musikalischer Strukturen, für den Weg des Komponierens.

Erwin Koch-Raphael verwendet solche Prinzipalrhythmen schon sehr lange. Nach einigen tonalen und dodekaphonen Frühwerken komponierte er zunächst frei. Das war bei den 1973 geschriebenen »Drei Aquarellen« op. 1 für Orgel noch der Fall, dem ersten Werk in der Liste seiner gültigen Kompositionen. Die Konzeption des 1974 fertiggestellten Orchesterwerks »Trollebotn« op. 2 von 1974 zeigt bereits Aspekte des Komponierens mit dem Prinzipalrhythmus. In den ebenfalls 1974 entstandenen »NachtStücken« op. 3 für Sopran, Flöte, Violoncello, Klavier und Schlagzeug war diese Technik dann ausgebildet. Seitdem arbeitet Erwin Koch-Raphael mit ihr.

Die Prinzipalrhythmen enthalten keine Noten oder musikalische Symbole. Es sind Zeichnungen aus Linien, Strichen, Punkten und Diagrammen. Der Komponist malt sie auf Zettel oder Transparentpapier im Format DIN A5 oder DIN A6. Sie sind nicht frei erfunden, sondern bilden ganz bestimmte Phänomene ab. Das kann zum Beispiel ein Wort sein, das Erwin Koch-Raphael in Morsezeichen übersetzt wie bei »composition no. 73 (popol wuj)«. Dort zeichnete er die Morsefolge von lang und kurz mit langen und kurzen Strichen. Interessanterweise stehen diese Striche aber nicht auf einer Linie, sondern sind mal höher und mal tiefer notiert. Das macht der Komponist ganz intuitiv und unsystematisch, wie es ihm gerade gefällt, und öffnet dadurch eine zweite Dimension auf dem Papier – neben lang und kurz auch hoch und tief. Oft tritt noch eine dritte Ebene dazu, wenn Koch-Raphael Proportionen vermerkt, die sich durch den Prinzipalrhythmus ergeben. So ist es bei den »NachtStücken«, wo er die Verhältnisse nach dem goldenen Schnitt, die sich im Prinzipalrhythmus zeigten, markierte. Schließlich gibt es bei einigen Prinzipalrhythmen eine vierte Perspektive, wenn farbig gezeichnete Elemente dazukommen.

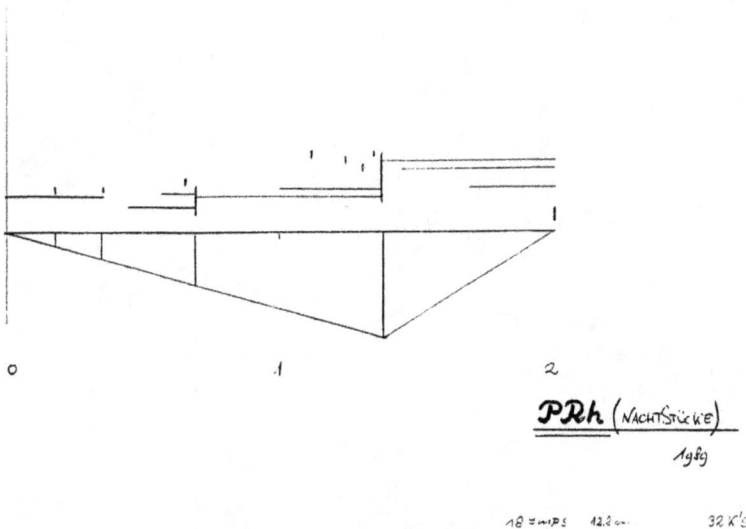

Prinzipalrhythmus zu »NachtStücke« op. 3.

Die Prinzipalrhythmen sind manchmal die Basis für weitergehende Vorstruktu-
rierungen der Musik. Auch diese notiert Erwin Koch-Raphael nicht mit Noten, sondern grafisch. Wie bei anderen Werken auch legte er bei »composition no. 60 (shôgo/
noonday)« transparente Folien (Pergamentpapier) auf den Prinzipalrhythmus. Dieser
fungierte dann als grundlegende Struktur, über die der Komponist für jeden Abschnitt
der Komposition klangliche Dichteverhältnisse und motivisch-melodische Verläufe
zeichnete. Sie sind in verschiedenen Farben angelegt und geben ein Bild davon, wie
die Musik sich bewegt.

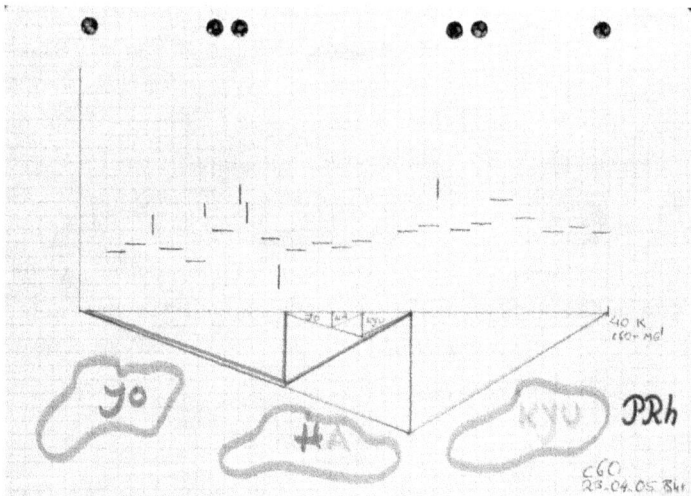

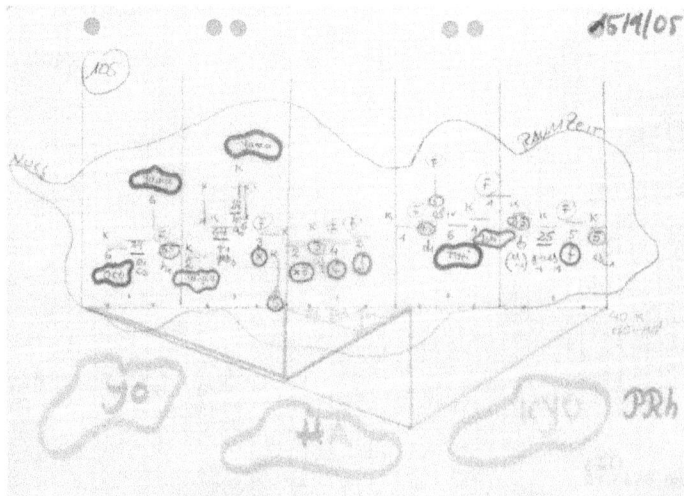

Prinzipalrhythmus zu »composition no. 60 (shôgo/noonday)«.

Die Prinzipalrhythmen sind Teil des kompositorischen Prozesses und damit Ausdruck von musikalischer Fantasie. Gleichzeitig aber entfalten sie eigenständige kreative Qualitäten. Ohne Weiteres könnte man Erwin Koch-Raphaels Prinzipalrhythmen als bildende Kunst an die Wand hängen, ähnlich wie manche grafische Partitur aus der Musik der 1960er Jahre. Aber das liegt nicht in der Absicht des Komponisten. Er nutzt seine Prinzipalrhythmen rein funktional als strukturelle Vorlagen, als Haltepunkte fürs Komponieren. Darin erfüllt sich ihre Aufgabe. Koch-Raphael zeichnet sie nicht rein, sondern schreibt sie lediglich auf Schmierzettel und verstaut sie nach getaner Arbeit in seinem Archiv. Gelegentlich greift er auf den einen oder anderen zurück und verwendet ihn wieder für ein neues Werk.

Diese Mehrdimensionalität der Prinzipalrhythmen verleiht ihnen Ambiguität. Das schlägt sich im Einsatz beim Komponieren nieder. Ein Prinzipalrhythmus ist kein rein abstraktes strukturelles Konzept, sondern bereits Ausdruck kompositorischer und künstlerischer Fantasie. Er ist eine flexible, in mehrere Richtungen dehnbare Erscheinung, die mehrere Interpretationen zulässt. Der inneren Mehrschichtigkeit des Prinzipalrhythmus kann der Komponist folgen oder nicht. Er kann Beliebiges aus dem Prinzipalrhythmus herausgreifen, um die Architektur der Ton- und Klangbeziehungen zu entwerfen. Es steht ihm frei, welche Parameter er mit dem Prinzipalrhythmus komponiert und welche unabhängig davon geschrieben werden. Insofern ist ein Prinzipalrhythmus etwas anderes als eine Vorgabe, die es zu erfüllen gilt. Eher kann man ihn als Anregung und Inspirationsquelle verstehen, als einen Ankerpunkt oder ein Gravitationszentrum für die Konzeption musikalischer Gestalten.

In seiner Jugend schrieb Erwin Koch-Raphael viele dodekaphone Werke. Ihn hatte die Zwölftontechnik gefesselt, da er sich brennend für Strukturen und Zahlen interessierte. Bei der von Arnold Schönberg entwickelten Zwölftontechnik geht es darum, alle zwölf Töne der chromatischen Skala gleichberechtigt zu verwenden.[57] Um das zu garantieren, wird eine Reihenfolge (die Reihe) festgelegt, in der die 12 Töne erscheinen. Außerdem gibt es mathematische Verfahren (Umkehrung, Krebs, Permutation), mit denen diese Reihe variiert werden kann. Die serielle Musik seit dem Ende des Zweiten Weltkriegs hat die Zwölftontechnik konsequent weitergeführt und sie nicht nur auf die Tonhöhen angewendet, sondern auf alle Parameter der Musik, auf Tondauer, Lautstärke und Klangfarbe. Für alle diese Parameter werden Reihen festgelegt, die eine Abfolge fixieren. Diesen Reihen folgen dann die Tonbeziehungen und die musikalische Form. Serielles Komponieren bedeutet also Komponieren nach mathematisch-architektonischen Strukturvorlagen, die mehr oder weniger präzise erfüllt werden müssen.

Das ähnelt den Prinzipalrhythmen von Erwin Koch-Raphael und ist auch deren geistige Grundlage. Insofern ist das Verfahren, das der Komponist entwickelt hat, nicht aus der Luft gegriffen. Es wurzelt in den Ideen der strukturell betonten Musik der 1950er und 60er Jahre. Als Erwin Koch-Raphael zu komponieren begann, schien das Potenzial dieser Musik allerdings ausgereizt, und viele Komponisten suchten nach neuen Möglichkeiten musikalischer Gestaltung. Koch-Raphael behielt die Idee bei, Musik auf der Basis eines strukturellen Bauplans zu schreiben. Im Gegensatz zur seriellen Musik allerdings sind seine Pläne keine fixen Vorgaben, sondern prinzipiell flexibel in der praktischen Anwendung.

Erwin Koch-Raphaels Prinzipalrhythmen muten viel sinnlicher, fantasievoller und unmittelbarer an als die Reihen der seriellen Musik. Diese sind rein abstrakte Vorgaben, Erwin Koch-Raphaels Prinzipalrhythmen hingegen mehrdimensionale Zeichenobjekte und selbst schon Architekturen, wenngleich keine musikalischen. Sie spiegeln die Affinität des Komponisten zum seriellen Denken und zugleich sein Gefühl, dass eine Reihe allein das Komponieren zu eng auf das Strukturelle fixieren würde. Es hätte dem Drang des Komponisten, eine körperlich und geistig unmittelbar wirkende Musik zu schreiben, zu enge Grenzen gesetzt. Grenzen an sich jedoch empfand er als notwendig, um überhaupt einen Weg zu finden.

Insofern hat der Prinzipalrhythmus bei aller Freiheit auch Verbindlichkeit. Immerhin präformiert er wichtige Tonbeziehungen in der Musik. Er setzt dem Komponisten Grenzen. Auf der anderen Seite ist er offen konzipiert. Er ist kein strenges Regelwerk, sondern ein quasi flexibler Gestaltungsrahmen, der auf beliebige kompositorische Parameter angewendet werden kann, aber nicht muss. Erwin Koch-Raphael versteht ihn einerseits als Haltepunkt, der Grenzen des kompositorischen Feldes absteckt, anderseits aber als Mittel, um Möglichkeitsfelder zu öffnen; von diesen wird gleich noch die Rede sein. Man kann sagen, dass der Prinzipalrhythmus einer Komposition ein Gerüst verleiht, ohne den freien Fluss der Ideen einzuengen. Er garantiert einerseits Ordnung und bietet andererseits die Möglichkeit zur Freiheit. Damit spiegelt Erwin Koch-Raphaels Kompositionstechnik den Wunsch des Komponisten wider, sich im Grenzraum zwischen Chaos und Ordnung, zwischen Wildnis und Zivilisation zu bewegen.

Der Prinzipalrhythmus ist Erwin Koch-Raphaels Kommunikationsmodell. Von ihm erhofft er sich, Ideen und Emotionen irgendwie transportieren zu können. Denn der Prinzipalrhythmus ist ein wichtiges Bindeglied zwischen Klang und Inhalt der Musik. Sein Entwurf und seine Gestalt beziehen sich immer auf die Inhalte der Werke. Zum Beispiel spiegeln sich Worte in bestimmten Zahlenproportionen, der Komponist übersetzt Atmosphären und poetische Ideen in grafische Elemente seiner Zeichnungen, oder er schafft strukturelle Analogien durch Übersetzung von Worten in Morsezeichen. In jedem Fall sedimentiert sich dadurch das Thema des jeweiligen Werks im Prinzipalrhythmus, der dadurch gewissermaßen zur strukturellen Blaupause des musikalischen Inhalts gerät.

Erwin Koch-Raphaels Prinzipalrhythmen kann man als Projektionen der Ideen verstehen, die den Kompositionen zugrunde liegen. Phänomene in der außermusikalischen Welt, die der Komponist gesehen, gelesen oder vorgefunden hat, schlagen

sich in ihnen nieder. Beide Phänomene, Prinzipalrhythmus und Ideen, stehen nebeneinander und gleichen sich in gewissen strukturellen Aspekten. Äußerlich verschieden, folgen sie auf einer tieferen Ebene dem gleichen Regelwerk. Es entsteht eine
unterschwellige Beziehung, eine Korrespondenz, oder, wie Erwin Koch-Raphael es
ausdrückt, eine Synchronizität, die sich schließlich in der musikalischen Struktur, im
konkreten Klang niederschlägt.

3.2 Hauptklänge, Zentralklänge, Zentraltöne

Erwin Koch-Raphael verwendet auch andere strukturbildende Vorgaben für seine
Kompositionen: Hauptklänge, Zentralklänge und Zentraltöne. Diese sind mehr praktische Natur und sind dem Prinzipalrhythmus untergeordnet. Sie dienen dem Komponisten als ordnende Vorgaben, mit denen er das Tonmaterial sortiert und Wiederer-
kennungseffekte erzeugt.

Die Hauptklänge sind ein Materialvorrat, mit dem der Komponist Skalen generiert und horizontale Tonbeziehungen, also melodische Motive und Abläufe, schafft.
Diese Abläufe können transponiert oder variiert werden, wobei Erwin Koch-Raphael
auch traditionelle Techniken wie Umkehrung, Krebs oder Permutation verwendet. Die
Zentralklänge sind feststehende Klänge, die an formal wichtigen Stellen der Musik
erscheinen. Sie markieren Wende- oder Höhepunkte und prägen, neben der Instrumentation, auch die Klangfarblichkeit der Musik. Zentraltöne schließlich dienen dazu,
der Musik eine nicht im klassischen, sondern im generellen Sinn tonale Komponente
zu verleihen. Der Komponist hat zwar kein absolutes Gehör und ist auch nicht Synäs-
thetiker. Aber er findet, dass verschiedene Töne unterschiedliche Qualitäten besitzen.
In der Beschreibung von »Trollebotn« in Kapitel 5 wird die Arbeit mit Haupt- und
Zentralklängen sowie mit einem Zentralton genauer dargestellt.

3.3 Das Möglichkeitsfeld

Wie alle Komponisten heute befindet sich auch Erwin Koch-Raphael in der Situation, dass dem Komponieren im Prinzip keine Grenzen gesetzt sind. Schier unendlich
scheinen die Möglichkeiten, Musik zu schreiben. Alle Einschränkungen, denen das
Komponieren in der Vergangenheit unterworfen war, sind verschwunden, alle Übereinkünfte hinfällig geworden. Das betrifft sämtliche Aspekte der Musik, das Material,
die Form und die ästhetische Haltung. Jeder Ton, jeder Klang, jedes Geräusch, alles
Hörbare gleich welcher Provenienz kann Musik sein, und jedem steht es frei zu definieren, was Musik ist und was nicht. Auch wie man sie präsentiert ist weder an das
klassische Instrumentarium noch an den Konzertsaal gebunden. Dazu kommt, dass
der durch das Internet entstandene virtuelle Raum heute mehr und mehr für Kunst
genutzt wird.

So ist das Möglichkeitsfeld, das sich einem Komponisten öffnet, prinzipiell unendlich groß. Jede Setzung eines Tones oder Klangs engt es zwar ein, lässt zugleich aber vieles offen. Es entsteht eine Gemengelage aus dem Vorhandenen und dem Offenen, aus dem, was der Komponist aufs Papier schreibt, und dem Potenzial, welches dieses Gesetzte besitzt. Jeder Komponist grenzt dieses Möglichkeitsfeld mit seiner Kompositionstechnik unterschiedlich stark ein. Einige von ihnen entwickeln strenge Systeme, deren Regeln nicht überschritten werden dürfen. Andere, wie Erwin Koch-Raphael, arbeiten mit lockeren Strukturvorlagen. Wieder andere experimentieren mit Klangwelten und vermeiden die Töne des klassischen Instrumentariums und so weiter.

Erwin Koch-Raphaels Grenzen sind seine Prinzipalrhythmen, die gewisse Strukturen prädisponieren. Es ist ein Jonglieren mit Strukturvorlagen, die die Dinge einerseits definieren, andererseits aber offen lassen und Möglichkeitsfelder öffnen. Für diese interessiert sich Koch-Raphael besonders, für die Zwischenräume, die von den strukturellen Beschränkungen nicht betroffen sind. Damit referiert er auf das Wesen der musikalischen Materie. Denn niemals lässt sie sich vollständig bändigen, niemals in allen ihren Parametern total beherrschen. Auch ein strenges System enthält Risse und Unwägbarkeiten. Für Koch-Raphael öffnen sich in diesen Rissen die Räume für kreative Entscheidungen. In ihnen kann sich kompositorische Fantasie konkretisieren. Hier können freie Entscheidungen getroffen werden, ohne dass sich eine Entscheidung notwendig aus der vorherigen ergäbe.

Denn Erwin Koch-Raphaels Prinzipalrhythmen sind keine Verlaufsdiagramme, die ein Stück vom Anfang bis zum Ende definieren würden. Überhaupt sagen sie über die zeitliche Dimension der Musik weniger aus als über ihre räumliche. Sie sind ein formales Gitter für Tonbeziehungen, und die Proportionen, die sie enthalten. Sie markieren musikalische Räume. Deshalb auch schreibt Erwin Koch-Raphael die Prinzipalrhythmen nicht abstrakt mathematisch, sondern als bildnerische Räume. Die Bild-Raum-Charakteristik der Prinzipalrhythmen wiederum hat Auswirkungen auf die musikalische Zeitgestaltung. Die Zeichnungselemente bilden Einheiten, die zeitlich als Singularitäten im Sinne Caccaris verstanden werden können. Sie sind eher in der Gegenwart verwurzelt als einem teleologischen Verlauf verpflichtet.

In den Räumen, die die Prinzipalrhythmen vorgeben, befinden sich viele Ecken und Nischen, die sich der strukturbildenden Kraft der Rhythmen entziehen. In ihnen herrscht Freiheit oder Chaos oder Wildheit, je nachdem, wie man es bezeichnen möchte. Es sind die Möglichkeitsfelder, die sich dem Komponisten anbieten. So könnte man vielleicht sagen, dass ein Prinzipalrhythmus einem Kompass gleicht. Er zeigt in eine Richtung, der zu folgen ist. Wie aber der Weg aussieht, eröffnet sich erst im Prozess des Komponierens. Dieses ist ein Gang durch das unwegsame, stets Überraschungen bietende Gelände der Gelegenheiten, Spielräume und Potenziale.

3.4 Komponieren mit dem Prinzipalrhythmus

Das alles meint »Komponieren mit dem Prinzipalrhythmus«, wenn Erwin Koch-Raphael von seiner Arbeitstechnik spricht: die Prinzipalrhythmen selbst als strukturelle Blaupause von architektonischen Elementen, die Hauptklänge, Zentralklänge und Zentraltöne als Gravitationszentren für den Charakter eines Werks und nicht zuletzt die Möglichkeitsfelder, die den Weg zu neuen Erfahrungen öffnen, seien sie emotional oder intellektuell.

Als Kompositionsprinzip ist das offen genug, um Musik unterschiedlichster Klanglichkeit zu komponieren, die viele verschiedene Charaktere einschließen kann. Und Erwin Koch-Raphael nutzt das weidlich aus. In den »NachtStücken« verwendet der Komponist eine Gesangstechnik aus dem koreanischen Kunstlied. In den Orchesterstücken »Trollebotn« und »La mer est ton miroir« greift er auf impressionistische Methoden zurück, um bestimmte, visuell wirkende Klangeffekte zu erzeugen. Im Violinsolo »Sekitei« gibt es ruhige Passagen, die der Idee der Ruhe in den steinernen Gärten von Zen-Klöstern verpflichtet sind. In den virtuosen Teilen hingegen folgt die Melodieführung musikalisch-rhetorischen Figuren des Barock, besonders aus der Musik von Heinrich Schütz. Im 24-teiligen Klavierstück »Septembertage« schrieb der Komponist von Stück zu Stück in allen ihm bekannten Stilistiken der zeitgenössischen Musik; einige von ihnen verbinden den argentinischen Tango mit dem vom Komponisten entwickelten Schreiben mit dem Prinzipalrhythmus. »composition no. 60 (shôgo/noonday)« für Koto und Renaissanceblockflöte orientiert sich am traditionellen japanischen Koto-Stil und für den Blockflötenpart am Spiel auf der ebenfalls japanischen Shakuhachi. Und »composition no. 73 (popol wuj)« besteht aus 15 Stücken für Gesang und Klavier, die stilistisch so unterschiedlich sind, dass sie von verschiedenen Komponisten stammen könnten.

Aus dem Tagebuch der Schottland-Reise 1977.

4. Erwin Koch-Raphael und die zeitgenössische Musik

Erwin Koch-Raphael betrat die Welt der zeitgenössischen Musik in einer musikhistorischen Umbruchzeit. Anfang der 1970er Jahre war der innovative Schwung der Avantgarde erlahmt. Die Möglichkeiten der seriellen Musik, die sich dem Fortschrittsgedanken der abendländischen Musiktradition verpflichtet fühlte, schienen sich erschöpft zu haben. Eine regressive Gegenbewegung begann sich zu formen, indem Komponisten auf den tonalen und expressiven Gestus der klassisch-romantischen Epoche zurückgriffen und das »neue Expressivität« oder »neue Einfachheit« nannten. Daneben hatten sich andere Strömungen etabliert, unter ihnen Werke, die das Schwergewicht nicht mehr auf Tonhöhen-, sondern auf Klangverläufe legten und die Konzeptkunst, unter anderem mit den Werken von John Cage, bei denen die Idee und nicht das Klangresultat der Musik im Vordergrund stand. Wieder andere Musiker konzentrierten sich auf die Erforschung der klanglichen und geräuschhaften Möglichkeiten der Instrumente, und das nicht nur in der neuen, sondern auch im Jazz und in der frei improvisierten Musik. Rock- und Popmusiker wie Captain Beefheart oder Frank Zappa schließlich kombinierten schlichte Liedschemata und Harmoniefolgen mit Collagetechniken und avantgardistischen Klangmitteln.

In diese Situation geriet Erwin Koch-Raphael Anfang der 1970er Jahre. In dieser Zeit schrieb er einige Orchesterkompositionen, deren erste namens »Trollebotn« (1974) eine bestimmte Art von Tonalität entfaltet. Ihr expressiver Gestus scheint mit der regressiven Strömung der Zeit, der »neuen Expressivität«, zu sympathisieren. Diese Strömung ging von den Arbeiten einiger damals junger Komponisten aus. Sie entzogen sich der avantgardistischen Errungenschaft, den tonalen und expressiven Gestus der klassisch-romantischen Musik überwunden zu haben, und stellten den am musikalischen Material orientierten Fortschrittsgedanken in Frage. Diese an sich kritische Haltung mündete jedoch häufig in einem reaktionären Rückgriff auf traditionelle musikalische Ausdrucksmuster.

Erwin Koch-Raphael legt ebenfalls großen Wert auf Ausdruck in seiner Musik, und in dieser Hinsicht scheint »Trollebotn« diesen Werken zu ähneln. Aber der Ton von Koch-Raphaels Expressivität ist ein völlig anderer. Noch offenkundiger kann man das im 1981 geschriebenen Orchesterstück »La mer est ton miroir« hören. Beide Werke entfalten einen dichten, komplexen und vielschichtigen Klang. Er generiert eine individuelle Form des Expressiven, der eine ganz eigene, keineswegs traditionelle Geste anhaftet. Dem Komponisten es geht um die Entfaltung von diffizilen Charakteren, von komplexen Atmosphären und um die Erzeugung einer vielschichtigen emotionalen Erfahrungswelt.

Dann gibt es Werke von Erwin Koch-Raphael, die ein vollkommen anderes klangliches Gewand haben. Passagen starker Reduktion und äußerster Ruppigkeit bestimm-

ten »composition no. 74 (I told you)«. In »Sekitei« und »composition no. 55 (concertino)« schrieb der Komponist frei fließende, einzig der Fantasie folgende Melodien,
und in »composition no. 60 (shôgo/noonday)« entfaltete er eine Klangwelt asiatischer
Prägung. Denn er hat sich, anders als viele seiner Kollegen, stets frei zwischen allen
möglichen Richtungen und Stilen bewegt und sich nie einer bestimmten Strömung
angeschlossen. Er hat kein wirkliches Vorbild, keinen Komponisten, den er in einem
stilistischen Sinn als prägend für sein eigenes Schaffen empfindet, nicht einmal seinen
Lehrer Isang Yun.

Fragt man Erwin Koch-Raphael nach Kolleginnen und Kollegen, deren Werke
ihn begeistert haben, kommen die Antworten zögerlich. Es sind nur wenige, und die
meisten gehören nicht zum Mainstream der Avantgarde. Zuerst fällt der Name Bernd
Alois Zimmermann. Dessen Vorstellung von Zeit als einer Kugel ist dem Empfinden Koch-Raphaels sehr nah. Pierre Boulez´ »Le marteau sans maître« fasziniert den
Komponisten, weil er dort, ganz ähnlich wie in seinen eigenen Werken, serielle, also
strukturelle Techniken mit Chaotischem vermischt sieht. An Yannis Xenakis´ Musik
fesselt ihn die unglaubliche Energie, die sie ausstrahlt und deren Wirkung derjenigen
von Rock- und Popmusik ähnelt. Koch-Raphael gefällt auch der klare und konstruktive Gestus von Igor Strawinskys Stücken, während er John Cage hauptsächlich wegen
seines Denkens schätzt. Er mag Cages feinsinnige Reflexionen über Sinn und Unsinn,
und ihm ist die Freundlichkeit und Versöhnlichkeit sympathisch, mit der Cage der Welt
begegnete. »Behutsam, aufmerksam nähert er sich gleichermaßen der Musik wie den
Menschen, seine Liebenswürdigkeit als Mensch sowie sein für immer unvergessliches,
herrliches Lachen stehen im Einklang mit seiner Musik, die eine wahre musica humana, eine Musik für Menschen, für unsere eine Welt ist.«[58]

Diese Komponisten, die Erwin Koch-Raphael nennt, haben völlig wesensverschiedene Auffassungen über das Komponieren und die Musik. Dass Koch-Raphael
sich für derart verschiedene Arten von Musik begeistert, dokumentiert sein breit ge-
streutes Interesse. Er möchte sich nicht innerhalb nur einer musikalischen Welt bewegen, sondern auch wissen, was man in und zwischen den unterschiedlichen Stilen
finden und erleben kann. Letztlich, sagt er, könne er jeder Art von Musik etwas Positives abgewinnen.

Bei seiner Arbeit geht es Erwin Koch-Raphael nicht um die üblichen Ziele zeitgenössischen Komponierens. In der zweiten Hälfte des 20. Jahrhunderts, als er ernsthaft mit dem Schreiben von Musik begann, waren Neuartigkeit und Innovation sehr
wichtig. Die Komponisten versuchten sich in maximaler Komplexität, spektakulärer
Klanglichkeit, Klangforschung und Erweiterung von Spieltechniken sowie der Entwicklung neuer Tonsysteme und Algorithmen für computergenerierte Musik. Im ausgehenden 20. Jahrhundert stand das postmoderne collageartige Spiel mit unterschiedlichen stilistischen Idiomen im Vordergrund. Auch haftet manchem neuen Werk ein

geradezu zwanghafter Drang zur Originalität an. Im 21. Jahrhundert hat sich durch die systematische Einbeziehung anderer Medien wie live-Elektronik, Video und Internet ein weiterer Schwerpunkt herausgebildet. Dazu gehört, dass sehr viel mehr als früher der performative Anteil der Musik und des Aufführens von Musik reflektiert wird.

Diese Strömungen und kompositorischen Anstrengungen heißen unter anderem »neue Expressivität«, »Klangverweigerung«, »spektrales Komponieren«, »Klangkunst«, »new complexity«, »new electronica«, »neuer Konzeptualismus« oder »neue Disziplin«. Erwin Koch-Raphael hat sich keiner dieser Moden angeschlossen. So gibt es keinen Koch-Raphael-Stil, anhand dessen man seine Werke identifizieren könnte. Das würde weder zur offenen Haltung des Komponisten, noch zu seiner allumfassenden Neugier passen, die sich in den verschiedenen Themen seiner Werke offenbart. Erwin Koch-Raphaels Fokus richtet sich auf Inhalte, die ihm wichtig sind. Diese möchte er sinnlich erfahrbar machen, und er sucht ein jedes Mal nach angemessenen Mitteln, um das zu erreichen.

Die einzige Konstante, wenn man so will, ist das klassische Instrumentarium, auf dem Erwin Koch-Raphael beharrt und für das die meisten seiner Werke geschrieben sind. Er hat auch vier elektronische Stücke produziert und in den 1990er Jahren das Potenzial dieses Mediums ausgelotet. Doch nahm er wieder Abstand davon, da durch die rasante technische Entwicklung die Dokumentation, die Archivierung wie auch die Wiedergabe der produzierten Stücke auf Dauer erhebliche Probleme aufwirft. Er blieb den klassischen Instrumenten treu, die von der jüngsten Komponistengeneration, den sogenannten »digital natives«, gelegentlich als überkommen, veraltet oder zu stark mit Tradition behaftet kritisiert werden.

Erwin Koch-Raphael sieht das anders. Ihn fasziniert gerade die Tatsache, dass er mit den altbewährten Instrumenten eine lange und komplexe Musikgeschichte beschwört, dass diese in seinen Werken mitschwingt und er sie reflektieren kann. Ähnlich bewertet der Musikwissenschaftler Ulrich Mosch den speziellen Charakter des abendländischen Instrumentariums: »Gerade in der im 20. Jahrhundert wie noch nie zuvor mit Musik durchsetzten Welt sind die Töne und Klänge durch vergangenen Gebrauch mit Konnotationen besetzt, mit Bedeutung aufgeladen: Hören wir eine Geige eine noch so kurze Tonfolge spielen, ruft dies in uns unweigerlich eine ganze Kette von Assoziationen auf.«[59]

Erwin Koch-Raphael sagt, dass das klassische Orchester und seine Instrumente für ihn eine Weltkultur verkörpere, die trotz zunehmender Medialisierung unserer Erlebnis- und Erfahrungswelten auf jeden Fall erhalten bleiben sollte. Das klassische Instrumentarium, meint der Komponist, sei ein Tableau, das zeige, was die Menschen alles leisten können, wenn sie es nur wollen. Auch spiegelt sich darin vielleicht ein Widerstand gegen die Schnelllebigkeit und Konsumhörigkeit unserer Gesellschaft, wie es der Komponist Michael Maierhof formuliert hat: »Dagegen kann man natürlich die

Verlässlichkeit der tradierten musikalischen Materialien schätzen, … man kann sicher sein, dass diese weiterhin über längere Zeiträume produziert werden, denn gerade in der Musikwarenwelt (Instrumente, Resonanzkörper, Saiten, Anreger etc.) ist Stetigkeit angesagt, über große Zeiträume verändert sich relativ wenig, die Musikwarenwelt ist darin das Gegenbild der Warenwelt.«[60]

5. Werke

5.1 Einleitung

Erwin Koch-Raphaels Werkkatalog verzeichnet 159 Kompositionen (Stand Herbst 2017). Aus diesem Konvolut werden hier 15 Arbeiten, darunter zwei musiktheatralische Projekte vorgestellt; einige weitere werden in Zusammenhang mit den 15 Arbeiten erwähnt.

Die Auswahl aus dem Gesamtwerk folgte mehreren Kriterien. Unvermeidbar fließen die persönlichen Vorlieben des Autors und des Komponisten ein. Erwin Koch-Raphael hat sogar, nicht für diese Publikation, sondern für sich selbst, eine Liste mit Lieblingsstücken erstellt; derzeit umfasst sie 14 Kompositionen, und einige von ihnen werden hier auch erwähnt. Darüber hinaus wurden möglichst unterschiedliche Werke einbezogen, um die große stilistische Bandbreite der Musik und auch die Bandbreite der (außermusikalischen) Themen, die er in seiner Musik reflektiert, zu demonstrieren. Schließlich und vor allem ist die Auswahl der Stücke von der Hoffnung getragen, einen repräsentativen Überblick über Erwin Koch-Raphaels Komponieren zu geben und zu vermitteln, wie der Komponist seine Ideen und Vorstellungen in Musik umsetzt.

Die Werke werden in chronologischer Reihenfolge dargestellt. Das spiegelt Erwin Koch-Raphaels kompositorische Entwicklung. Stücke aus dem Beginn der kompositorischen Tätigkeit tragen noch Spuren des Lehrers Isang Yun und sind, kurz gesagt, stärker expressiv sowie klanglich vielschichtiger als spätere Werke. Seit Mitte der 1980er Jahre tritt eine Konzentrierung der musikalischen Sprache ein, eine Verdichtung der musikalischen Substanz. Bei einigen Werken führte das zu extremer Kleinteiligkeit, bei der ein Satz sogar aus nur ein bis zwei Klängen besteht. Bei anderen kann man eine gewisse klangliche Reduzierung, eine stärkere Fokussierung auf das Wesentliche und auch eine entschiedenere Kristallisation des Gehalts beobachten.

Die Chronologie der Werke macht auch sichtbar, dass sich Erwin Koch-Raphaels Themen im Laufe der Jahrzehnte verschoben haben. Anfangs verarbeitete der Komponist Mythisches, Magisches und Fantastisches in und mit seiner Musik. Das rührt unter anderem von seiner intensiven Auseinandersetzung mit dem Metaphysischen her, die schon in der Jugend begann. Dann folgte eine Zeit streng strukturellen Komponierens. Erwin Koch-Raphael lotete das konstruktive Potenzial des Komponierens aus, allerdings jenseits bekannter Techniken wie der seriellen Musik. Vor allem zeigt sich darin sein fundamentales Interesse an Zahlen und Zahlenverhältnissen, denen er nicht nur strukturelle, sondern auch symbolische und magische Kräfte zuschreibt. So sind diese Werke von dem Wunsch beseelt, das Strukturelle zu transzendieren. Dazwischen und danach liegt der Schwerpunkt wieder auf bestimmten Inhalten. Es sind konkrete politische Themen und persönliche Erfahrungen. In den letzten Jahren stehen häufig Fragen im Vordergrund, die mit dem Zusammenleben der Menschen und unserer kulturellen Gemengelage zu tun haben.

5.2 Trollebotn op. 2 für großes Orchester (1974)

1974 stellte Isang Yun seinen Kompositionsschülern die Aufgabe, ein Orchesterwerk zu schreiben. Unter ihnen war Erwin Koch-Raphael, der sein Stück »Trollebotn« nannte. Es ist das Opus 2 seiner Werkliste und wurde 1975 vom Städtischen Orchester Solingen unter der Leitung von Lothar Zagrosek uraufgeführt.

Der Titel der Komposition stammt aus der norwegischen Sagenwelt. Der Name bedeutet so viel wie »Land der Trolle«, und auch eine Straße am südnorwegischen See Dalsvatn ist so benannt. Erwin Koch-Raphael hatte sich nach einer Norwegenreise mit den mythischen Vorstellungen des nordischen Kulturkreises beschäftigt und sich insbesondere für die Zeitvorstellung bei den Trollen interessiert. Die Zeit ist bei ihnen so weit gedehnt, dass es hundert Jahre dauern kann, bis man auf eine Frage eine Antwort erhält.

In »Trollebotn« formuliert Erwin Koch-Raphael Klangatmosphären, die diese fantastische Welt symbolisieren. Sie ist eine Anders- oder Parallelwelt. Bestimmte Klangkonstellationen beschwören sie; um zwei Beispiele zu nennen: silbriges Licht wird durch leichte, helle Klänge dargestellt, schwimmende Fische durch kleine, schwirrende Bewegungen. Insgesamt entfaltet die Komposition ein Flair des Geheimnisvollen und Dramatischen.

Diese Klangemanationen sind in eine musikalische Gestalt gebettet, die Erwin Koch-Raphaels Strukturentwurf zu dem gut zehnminütigen Stück folgt. Der Komponist erstellte ihn auf einem DIN A4-Blatt (siehe S. 77). Er teilte das Werk in vier Abschnitte, die sich auf konkrete Bilder aus der magisch-mythischen Welt beziehen. Durch die vier Abschnitte hindurch zeichnete er auf das Blatt mehrere untereinander angeordnete Zeilen, die die Klangcharakteristik im Orchesterapparat sowie konkrete musikalische Aspekte wie Accelerandi, Lautstärken und Dichteverhältnisse beschreiben. Sie ergeben eine grafische Darstellung des Klingenden mit Strichen, Kästchen und Dreiecken. Dieses Blatt dokumentiert das Bemühen des Komponisten, den Kompositionsvorgang zu strukturieren und diese Strukturierung mit den inhaltlichen Aspekten zu synchronisieren.

Zu den strukturellen Vorgaben von »Trollebotn« gehören neben der Gesamtskizze eine Allintervallreihe, eine Zwölftonreihe, mehrere Hauptklänge und ein Zentralklang. Jeder Abschnitt hat einen Hauptklang, einen Akkord, aus dem Erwin Koch-Raphael Skalen für melodische Abläufe entwickelt. Der Zentralklang ist ein feststehender, sich nie verändernder Klang (e, f, as, b, c, es). Er tritt an formal wichtigen Stellen des Werks auf.

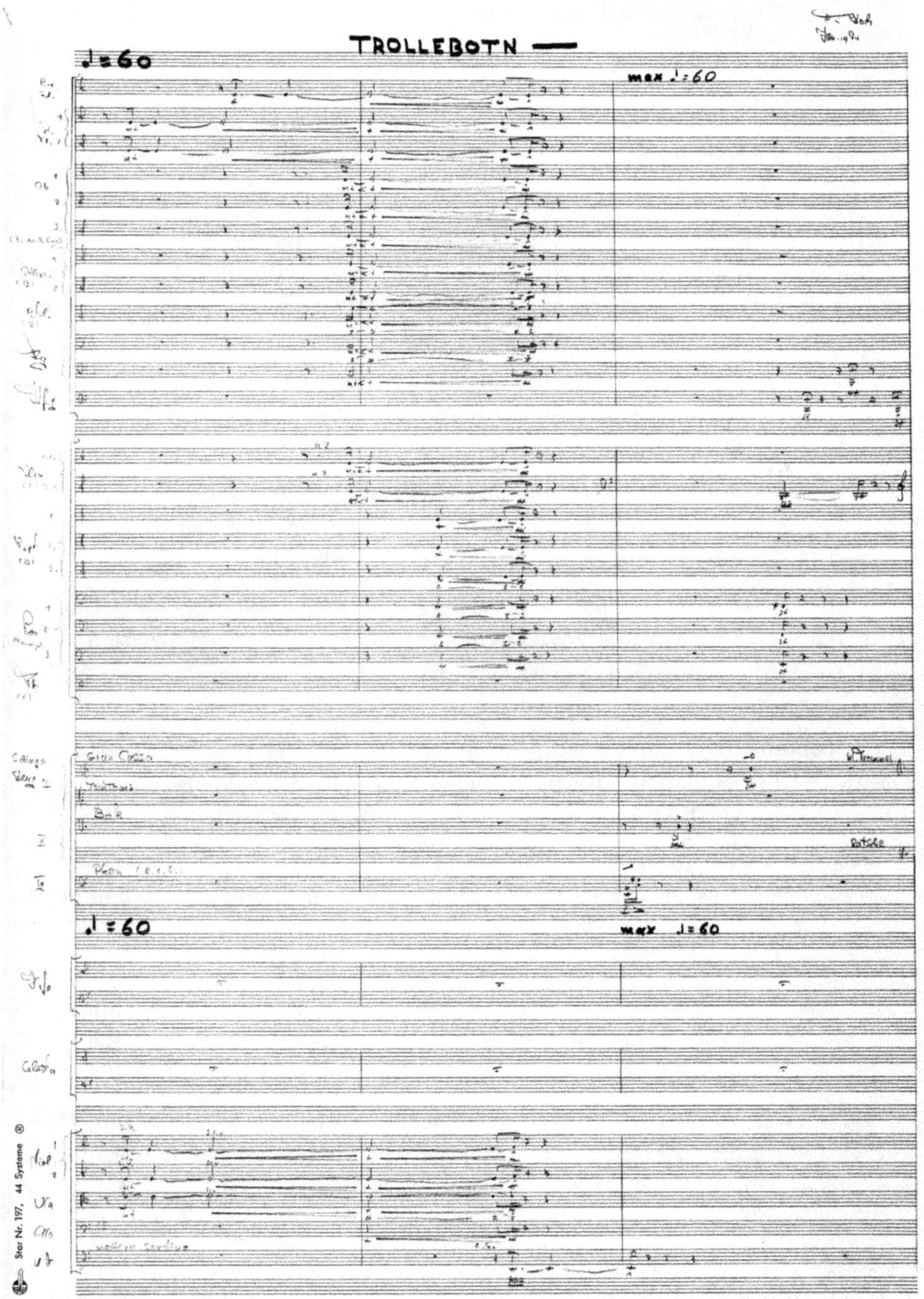

»Trollebotn« op. 2, Manuskript Seite 1.

Diese strukturellen Vorgaben sind die Keimzellen, aus denen heraus sich das Ganze entfaltet. Erwin Koch-Raphael verwendet sie als einen Vorrat, aus dem er auswählen kann. Der Komponist nutzt die Strukturentwürfe dort, wo sie ihm die gewünschten Klangergebnisse liefern. An anderen Stellen komponiert er frei, wie er es in seinen Jugendstücken und dem ersten gültigen Werk, den »Drei Aquarellen« für Orgel getan hatte. Dass er jetzt für »Trollebotn« eine Strukturvorlage erstellte, dokumentiert die Suche des Komponisten nach kompositorischem Halt. Sie führte noch im gleichen Jahr zur Entwicklung des Komponierens mit dem Prinzipalrhythmus. Mit ihm ist die dem Orchesterwerk folgende Komposition, das Ensemblewerk »NachtStücke« op. 3, geschrieben.

Ein vereinheitlichendes Element von »Trollebotn« ist der Ton E. Er fungiert gewissermaßen als Grundton des Stücks, nicht allerdings in einem dur-moll-tonalen Sinn. Vielmehr ist das E ein Zentralton, der häufig im Stück erscheint. Als solcher stiftet er das Gefühl von Einheit und Wiedererkennung. Der Komponist bezeichnet ihn als »magischen Ton« und sieht Parallelen zwischen ihm und anderen, nichtmusikalischen Phänomenen. Wie schon gesagt entspricht die Frequenz des tiefen E auf der temperierten Skala (41,2034 Hertz) in etwa den Frequenzen der Aktivierung von Nervenzellen bei mystischen, transzendenten, meditativen, drogeninduzierten und sexuellen Erlebnissen. Auch hat man bei bewusstem Erleben eine oszillierende Aktivität der Hirnzellen im 40-Hertz-Bereich festgestellt.[61]

»Trollebotn« beginnt mit einem Unisono auf dem E, und im weiteren Verlauf des Stücks kommt E häufig vor. Der Ton schwingt gewissermaßen durchs Werk hindurch und verleiht der Musik einen gewissen (tonalen) Sog.[62] Bald nach Beginn des Stücks erweitert sich die Perspektive, ja explodiert geradezu zu einer vielschichtigen, komplexen, turbulenten Gestalt. Die Klangbilder wechseln schnell, und nicht selten bestimmen scharfe Kontraste diese Wechsel.

Der Inhalt der Komposition evoziert eine fantastische Welt, ihre Form jedoch entspringt strukturellen Entwürfen des Komponisten. Es entsteht eine Spannung zwischen der Welt des Fantastischen und der Logik des Kompositorischen. Beides, das Fantastische und das Logische (der kompositorische Logos) treffen derart aufeinander, wie Erwin Koch-Raphael es in der Welt erlebt. Denn unser Alltagsdenken, das von naturwissenschaftlicher Logik stark geprägt ist, stößt immer wieder auf Phänomene, die mit diesem Denken nicht erklärt und begriffen werden können. So entstehen Risse in unserer Welterfahrung, die Störfaktoren im materialistischen Weltbild sind. Der Reflex auf die nordischen Mythen in »Trollebotn« ist daher kein nostalgisches Schwelgen in einer Märchenwelt, sondern ein aktueller Kommentar zum Leben.

Strukturentwürfe zu »Trollebotn« op. 2.

5.3 NachtStücke op. 3 für Ensemble (1974)

Im Vergleich zum Orchesterstück »Trollebotn« wirken die ebenfalls 1974 komponierten »NachtStücke« op. 3 für Sopran, Flöte, Violoncello, Klavier und Schlagzeug im Ton reduziert und streckenweise geradezu pointillistisch auf einzelne Töne konzentriert.

In den »NachtStücken« arbeitete Erwin Koch-Raphael erstmalig mit einem Prinzipalrhythmus und dem dahinter stehenden Prinzip. Der Prinzipalrhythmus besteht hier aus einer Folge von acht Linien, die unterschiedlich lang sind und sich teils überlappen. Acht Akzente strukturieren diese Linien. Dazu kommen mehrere Unterteilungen des Ganzen nach dem Prinzip des goldenen Schnitts (siehe S. 61).

Nach den Proportionen und Akzenten des Prinzipalrhythmus richtet sich die Anordnung der Töne. Das Stück beginnt mit einem kurzen Impuls durch das Schlagzeug, dem ein langer Ton in Flöte und Violoncello folgt. Den ersten Akzent bildet ein Pizzicato im Cello. Dann erklingt der nächste lange Ton im Sopran, gefolgt vom Akzent im Klavier und so weiter. Das alles basiert auf der im Prinzipalrhythmus notierten Struktur. Dazwischen erscheinen immer wieder kleine Passagen, die man nicht dem Prinzipalrhythmus zuordnen kann. Sie sind frei oder auf der Basis minimaler Ausschnitte aus dem Prinzipalrhythmus komponiert, denn Erwin Koch-Raphaels Strukturvorlage ist ja keine fixe Vorgabe wie eine Reihe in der seriellen Musik. Sie dient als Anhalts- und Haltepunkt, um gewisse Strukturen zu erzeugen. Diese kehren nach den frei komponierten Passagen zurück. Sie lösen einen Wiedererkennungseffekt aus und wirken als identitätsstiftende Elemente.

Die Gestalt der Musik ergibt sich im Wesentlichen aus rhythmischen und intervallischen Strukturen. Doch auch der Parameter Klangfarbe ist hier bedeutsam. Das lässt sich unter anderem an der Verwendung der Sopranstimme erkennen. Nach dem Vorbild der koreanischen »Kasa« (einem mit Kopfstimme gesungenen, erzählenden Lied) hat Erwin Koch-Raphael die dort sehr gedehnten Vokale und Konsonanten der Sprache nicht als Textelement, sondern als Klang eingesetzt. Die Instrumente steuern explizit klangfarbliche Komponenten bei. Mit Tremoli, Flatterzungeneffekten und Trillern entsteht ein Vibrieren des Klangs, und im dritten Satz wird der komplexe Klaviersatz in einen mit Glockentönen angereicherten Pedalnebel gehüllt.

Das Werk besteht aus fünf Stücken, die sich um eine Symmetrieachse gruppieren. Die Töne des ersten und letzten Stücks sind identisch, aber die Instrumente und die Tonlagen verschieden. Im letzten Stück steht die Bassflöte im Vordergrund. Ihre Melodie folgt dem Prinzipalrhythmus, der hier augmentiert erscheint. Denn Erwin Koch-Raphael verwendet unter anderem klassische Techniken, um eine Ton- oder Klangfolge zu verändern, zu variieren oder zu bearbeiten: Augmentation und Diminution, Beschleunigung und Verlangsamung, Umkehrung, Krebsgestalt und Transpositi-

»NachtStücke« op. 3, Manuskript Seite 1.
Die Passagen, die dem Prinzipalrhythmus folgen,
wurden vom Komponisten gelb markiert.

on. Im fünften Satz der »NachtStücke« ergeben sich durch die zeitliche Dehnung des Prinzipalrhythmus größere Notenwerte als zu Beginn des Werks, wodurch eine ruhige, langgezogene Melodie entsteht.

Der Titel der Komposition zitiert eine Gattung der Malerei. In der bildenden Kunst entstanden Nachtstücke seit dem 15. Jahrhundert. Das wurde dann von anderen Künsten übernommen. In der Musik ist es das »Nocturne« in seinen vielfältigen Ausformungen. In der Literatur bewegt sich das Nachtstück in Bereichen des Bedrohlichen, des Unheimlichen sowie des psychisch Krankhaften und dient der Darstellung der Nachtseiten der menschlichen Natur.[63] Mehr darauf als auf die musikalische Tradition richtet sich Erwin Koch-Raphaels Interesse. Für die »NachtStücke« diente ihm E. T. A. Hoffmanns gleichnamiger achtteiliger Zyklus als Vorlage.

Erwin Koch-Raphael zieht in jedem der fünf Sätze konkrete Parallelen zu Hoffmanns Texten. Den Prinzipalrhythmus, der der Exposition des Werks zugrunde liegt, vergleicht er mit Hoffmanns mechanischer Puppe Olympia; der Rhythmus gleicht der Maschine, der Leben eingehaucht werden muss. Das zweite Stück bezieht sich auf Zwangshandlungen, die ständig wiederholt werden. Im dritten Stück taucht ein sehr exponiertes dreitöniges Motiv in Glocken und Klavier auf. Koch-Raphael verbindet das mit einer Todessymbolik und dem zu Lebzeiten Hoffmanns entdeckten Mesmerismus, heute bekannt als Hypnose; in der Hypnose verliert man seinen Willen und nähert sich dem Tod an. Gleichzeitig bildet dieses Motiv die Symmetrieachse des Stücks. Von da an läuft es mit verschiedenen Veränderungen quasi rückwärts. Das letzte Stück mit seiner schönen Melodie soll dann in eine Parallelwelt führen und erfahrbar machen, dass Schönheit und Menschlichkeit möglich sind.

Wie schon beim Orchesterstück »Trollebotn«, das die nordische Mythenwelt thematisiert, richtet sich das Interesse des Komponisten auch hier auf eine Anderswelt außerhalb des Normalen, auf das Fantastische. Die merkwürdigen Dinge, die in Hoffmanns Erzählungen geschehen, sind Reflexionen von nicht-rationalen Erfahrungen. Sie spielen sich in einer Zwischenwelt ab, in der dem Hörer Ungewohntes, Unbekanntes und Geheimnisvolles begegnet.

5.4 Sekitei op. 17 für Violine (1979)

»Bar jedes strukturalistischen Ansatzes wird ein ruhiges Motiv in langen Notenwerten vorgestellt, aus dem heraus sich Passsagen mit kürzeren Tönen entwickeln. Es entsteht eine Dialektik zwischen perkussivem, kurzem Einzelton und einem Klangfeld auf einem Ton. Die anfangs exponierte Gestalt wird mehrfach wiederholt, variiert und in andere Tonlagen transponiert. Es entsteht der Eindruck, als betrachte man die exponierte Gestalt im Laufe des Stückes von mehreren Seiten und unter verschiedenfarbiger Beleuchtung. Eine bogenförmige, geschlossene Form ist aufgegeben zu-

»Sekitei« op. 17, Seite 6.
Abdruck mit freundlicher Genehmigung von Boosey & Hawkes.

gunsten eines mosaikartigen Verlaufes, der die Erfahrungen und Wahrnehmungen der Gegenwart gegenüber einem sukzessiven Verständnis der Musik in den Vordergrund stellt«, notierte Erwin Koch-Raphael zur Partitur des Violinsolos »Sekitei« op. 17 und beschreibt damit bereits wesentliche Aspekte des Stücks. Es entstand direkt nach seinem Studienabschluss im Auftrag der Geigerin Akiko Tatsumi.

Der Titel der Komposition bedeutet »Der steinerne Garten« und spielt auf die Gärten der Zen-Klöster an, die der Kontemplation dienen. Außerdem ist das Stück in einem japanischen Idiom geschrieben. Dieses äußert sich in der ruhig fließenden Gestalt der Melodie. Zu Beginn öffnet sie einen Tritonusraum ohne tonale Anmutung. Diese ruhigen Passagen werden durch Abschnitte ganz anderen Charakters unterbrochen. Sie sind bewegt, teilweise virtuos und expressiv in ihrer Geste. So gibt es scharfe Schnitte, die eine deutlich wahrnehmbare Gliederung des etwa zehnminütigen Stücks erzeugen. Die Architektur der Komposition entfaltet sich durch den quasi collageartigen Wechsel kontrastierender Klanggruppen. Erwin Koch-Raphael war es sehr wichtig, dass diese Gestalt unmittelbar wahrnehmbar ist.

Eine der bewegten Passagen wird mit Pizzicato ausgeführt und imitiert die Spieltechnik auf dem japanischen Saiteninstrument Koto. In den meisten anderen Abschnitten lehnte sich Erwin Koch-Raphael an rhetorische Figuren aus dem Barock an, vor allem an solche aus der Musik von Heinrich Schütz. Diese Figuren bestehen aus relativ festgelegten Intervallfolgen, die seinerzeit bestimmte Emotionen und Gemütsbewegungen verkörperten und im Barock verstanden wurden. Obwohl sie uns heute nicht mehr so vertraut sind, reflektiert der Komponist auf ihre Bedeutungsprägungen.

»Mir ging es hier unter anderem darum, die Selbstwahrnehmung, die sich beim Meditieren in den Gärten einstellt, mit der europäischen Form von Selbstwahrnehmung in der alten abendländischen Musik in einem gemeinsamen musikalischen Erleben zusammenzubringen«, heißt es in der Partitur. Erwin Koch-Raphael kombiniert Elemente der japanischen und der europäischen Musiktradition, ohne dabei Stilkopien zu schreiben. Er arbeitet mit den Gesten der beiden musikhistorischen Phänomene und generiert bestimmte Sphären, die im Stück ständig wechseln. Sie kontrastieren in vielen Aspekten, ergeben aber zugleich eine Komposition, die wegen ihrer klar durchhörbaren Gestalt als Einheit empfunden wird.

Dies hängt auch mit der Zeitvorstellung zusammen, die dem Stück zugrunde liegt. Durch seine mosaik- beziehungsweise collageartige Form bricht es mit dem teleologischen Kompositionsprinzip, dem die abendländische Musik lange Zeit verpflichtet war. Die Komposition besteht aus Elementen, die sich nicht unbedingt voneinander ableiten und auch nicht mehr auf ein quasi logisches Ende zielen. Hier geht es eher um Zeitklammern oder zeitliche Singularitäten, wie Massimo Caccari es formulierte. Zugleich lässt sich die Musik eher als eine räumlich-skulpturale hören als eine, die einer strengen Chronologie folgt.

5.5 Land der Nacht op. 22 für großes Orchester (1980)

Das Orchesterstück »Land der Nacht« op. 22 verdankt seine Entstehung einem Auftrag der koreanischen Sektion der Internationalen Gesellschaft für Neue Musik (ISCM, International Society of Contemporary Music). Sie hatte Erwin Koch-Raphael 1979 zu einem zweimonatigen Studienaufenthalt nach Südkorea eingeladen. Die Uraufführung des Stücks sollte in Korea stattfinden, kam aber aus politischen Gründen nicht zustande und wurde 1980 im WDR Köln realisiert. 1979 gab es in Südkorea zwei Militärputsche, und der amtierende Diktator Park Chung-hee wurde ermordet. 1980 folgte die brutale Niederschlagung von Demonstrationen für mehr Demokratie in Gwangju, ein Trauma, das bis heute im Land nicht vergessen ist.

Wegen dieser Demonstrationen hatte sich der Theologiestudent Kim Ui-Ki brennend von einem Hochhaus gestürzt. Ihm und dem Dichter Kim Chi-Ha, der seinerzeit aus politischen Gründen inhaftiert war, hat Erwin Koch-Raphael »Land der Nacht« gewidmet. Eines von Kim Chi-Has Gedichten verwendete der Komponist als Strukturvorlage für die Musik. Koch-Raphaels Kollege Toshio Hosokawa hat ihm eine assoziative Übersetzung angefertigt:

Die Nacht. Land der vielen verschiedenen Töne. Sanft sehr scharf, hart, starr, hoch und sehr tief und schwingend im Raum. Werde reif. Erhabenheit. Unendlich verschiedene Töne. Wispernd. Alle Dinge: Leben, Tanzen, Trauer ist wie Quelle (fortwährend). Durch Nebeltropfen: Erwachen und dann irgendwo hingehen. Nach dem Ton der Glocke irgendwo hingehen (abfahren). Jetzt nicht mehr kann er, wenn einmal abgefahren. Auf der weißen Stirn. Auf die schönen Töne der Quelle. Nach dem Tod nicht mehr. Auch die Seele nicht mehr kann besuchen die Stirn und die Quelle. Rosa, feine Füße der Tanzprinzessin auf der Quelle. Sie tanzt wie Wind, aber kann nicht küssen (weil Erinnerung). Jetzt ist ganz heißer Sommer. Wegen Stille wegen Durst. Verrückt, ganz einsam muss ich schreiben und sterben: das ist mein Schicksal.

Dieses Gedicht hat Erwin Koch-Raphael, wie er sagt, gewissermaßen »Zeile für Zeile« in Musik gesetzt. Damit ist allerdings nicht eine Textvertonung gemeint. Vielmehr übertrug der Komponist textliche Charakteristika in musikalische Strukturen, die dann die Form der Komposition bilden. Ähnlich wie bei »Trollebotn« fertigte er eine Zeichnung an, die die Gesamtstruktur, die Dichtegrade und einzelne Ereignisse der Musik grafisch darstellt.

»Land der Nacht« ist eher ein Klangstück denn eine melodisch gedachte Musik. Man hört Motive und einzelne Tonfolgen, die aber nicht melodisch ausgeführt, sondern meistens eingesetzt werden, um bestimmte Klangatmosphären zu schaffen. Diese Atmosphären sind mit Schlagzeugklängen durchsetzt und vermitteln Anspannung und Düsterkeit. Am Ende verschwindet der Klang im Nichts.

An einigen Stellen trägt die Musik eine ostasiatische Anmutung. Sie kommt durch melodische Floskeln zustande, die im Gesamtklang nicht hervortreten, ihn aber auf bestimmte Weise färben. Während seines Korea-Aufenthalts lebte Erwin Koch-Raphael drei Tage lang in einem buddhistischen Kloster. Dort hörte er den frühmorgendlichen Gesang der Mönche und merkte sich die Melodien. Auch hatte er sich mit der traditionellen koreanischen Musik vertraut gemacht. Rhythmen dieser Musik, besonders aus der schamanistischen Musik, bildeten die Grundlage für Rhythmen seines Werks.

»Land der Nacht« bezieht sich auf einen politischen Hintergrund. In diesem Sinn ist das Stück eine politisch intendierte Musik. Um das eindeutig zu vermitteln, hat Erwin Koch-Raphael einen Text zur Komposition geschrieben. Dort heißt es: »Ich möchte in diesem Stück meine tiefe Trauer ... zum Ausdruck bringen, meinen Schmerz und meine Empörung angesichts der brutalen Unterdrückung, der das koreanische Volk zur Zeit ausgesetzt ist: ein schätzenswert starkes Volk, das mich seit meiner Koreareise im Herbst letzten Jahres mit größter Bewunderung erfüllt.« In der Musik ist das Politische durch das Gedicht von Kim Chi-Ha verankert. Der Text taucht zwar nicht auf, bildet aber die strukturelle Basis der Komposition. Auf eine indirekte Weise entsteht dadurch eine Analogie zwischen Text und Musik. Direkt hörbar sind Anklänge an traditionelle koreanische Musik, die auf das Land verweisen. Und der Ton des Werks, die Charakteristik seines Klangs, ist im Ernsten und Düsteren angesiedelt.

5.6 La mer est ton miroir op. 24 für großes Orchester (1981)

1981 erhielt Erwin Koch-Raphael von Klaus Rohra, dem damaligen stellvertretenden Leiter des Städtischen Orchesters Bremerhaven (heute Philharmonisches Orchester Bremerhaven) den Auftrag, ein Orchesterwerk zur Saisoneröffnung zu schreiben. Das Stück sollte einen Bezug zur Stadt und ihrer Lage am Meer haben. Koch-Raphael wollte allerdings keine schlicht programmatische Musik schreiben und weitete das Thema aus, indem er sich von Charles Baudelaires Gedicht »L´homme et la mer« aus den »Blumen des Bösen« inspirieren ließ.

Jeder Satz dieses Gedichts enthalte Welterkenntnis, meint Erwin Koch-Raphael. Mit Meeresbildern beschreibe Baudelaire Abgründe des Menschseins. Erwin Koch-Raphael übernahm diese Idee für »La mer est ton miroir« op. 24. Allerdings interessierte er sich weniger für die konkreten Bilder aus dem Gedicht, sondern mehr für dessen Hintergrund. Zum einen ist das die Natur, die sich im Meer als immer gleich und doch verschieden darstellt, zum anderen der Mensch, der sich in diesem Naturschauspiel gespiegelt sieht. Das Meer als Spiegel der Seele ist der Schwerpunkt der Komposition, worauf der Titel des Werks in Abwandlung des Gedicht-Titels anspielt. Die dritte Strophe beschreibt diese Verbindung zwischen Mensch und Meer:

Beide lebt ihr in finstrer und heimlicher Flucht.
Mensch noch sind unerforscht deine innersten Gründe!
Meer noch sind unentdeckt deine kostbarsten Schlünde!
Euer Geheimnis bewahrt ihr mit Eifersucht.[64]

Erwin Koch-Raphael hat ein enges Verhältnis zum Meer. Gern erzählt er ein Er-lebnis während einer Griechenlandreise. Der Komponist saß in Rododafni bei Egion am Strand und blickte in die Fluten. Da wurde er von einem heimischen Fischer ange-sprochen. Dieser habe ihn gesehen und gespürt, dass der Komponist eine besondere Verbindung zum Meer habe, dass er mit dem Meer »spreche«. »Wenn ich am Meer sitze, dann löst sich alles auf«, sagt Erwin Koch-Raphael. Besonders gern beobachtete er die archaischen Bewegungen des Atlantiks vor der Küste Norwegens und der Bre-tagne, die Wellenkämme und die sich aufbäumende Gischt an der grau schimmernden Oberfläche. Und jeden Winter macht er Urlaub auf Spiekeroog und dort lange Spa-ziergänge am Strand. Das Meer empfindet der Komponist als einen existenziellen Ort, auch weil es der Ursprung allen Lebens ist, ein Ort, aus dem heraus alles entstand und entstehen kann.

»La mer est ton miroir« wurde ähnlich wie »Trollebotn« komponiert. Erwin Koch-Raphael verwendete keinen Prinzipalrhythmus, erstellte aber ein grafisches Schema. Er markierte die Abschnitte im Werk und notierte die Aktivitäten innerhalb der Musik grafisch. Interessanterweise verwendete der Komponist Zeichen, die wie Wellen mit Wellenkämmen aussehen, was dann bestimmte Tonfolgen mit Trillern am Ende bedeutet. Solche Bilder schaffen direkte Analogien beziehungsweise Korrespon-denzen zum Tongeschehen. Tatsächlich prägt ein trillerbehafteter und mit Glissandi durchsetzter Tonsatz den Beginn des Stücks. Die Assoziation zum wellenbewegten Meer fällt nicht schwer.

Neben der grafischen Vorlage zu »La mer est ton miroir« entwarf der Komponist Hauptklänge, aus deren Tonmaterial sich melodische Strukturen entwickelten. In ei-nigen dieser Tonfolgen ist der Name seiner gerade geborenen Tochter Himiko Aglaja verschlüsselt, eine der vielen Stellen in den Werken des Komponisten, an denen sich seine Neigung zu versteckten Referenzen, Anagrammen und Zahlenspielen nieder-schlägt. Dann gibt es noch einen Zentralklang (e, b, es, f, a, c), der an formal wichtigen Stellen der Komposition erscheint.

Erwin Koch-Raphael versteht »La mer est ton miroir« als eine Fantasie, eine freie Komposition also, und als solche hat er sie geschrieben. Für die Klanggestaltung dien-ten ihm neben dem grafischen Schema eine Reihe von Bildern aus Baudelaires Gedicht als Assoziationsgrundlage. Sie lassen sich mit Begriffen fassen wie Irrlicht, tiefer Ab-grund, Totenschiff, Meeresleuchten, der Duft des Meeres, Nebel, aus dem heraus sich Licht löst.

Das gut dreizehnminütige Stück besteht aus Elementen, die stark kontrastieren, diese Kontraste aber nicht explizit nach außen kehren. Es gibt längere monophone Abschnitte, dann plötzlich tonale Motive mit grundlegenden Intervallen wie der Quinte. Daneben stehen mikrotonale Verschiebungen durch die bereits erwähnten Triller und Glissandi sowie dezent formulierte Differenztöne. Sie verwischen das Klangbild und lassen die Fluidität des Wassers geradezu handgreiflich spüren.

5.7 Kalte Zeiten op. 34 für Ensemble (1984)

Dem Stück »Kalte Zeiten« op. 34 ging der Klavierzyklus »Septembertage« op. 31 voraus. Er besteht aus 24 kleinen Stücken, die in unterschiedlichen Stilen der zeitgenössischen Musik geschrieben sind. Erwin Koch-Raphael plante eigentlich kein eigenständiges Werk. Er versteht die Stücke als Skizzen, als kompositorische Fingerübungen, mit denen er seine Kompositionstechnik überprüfen wollte. Dennoch wurde »Septembertage« in den Werkkatalog aufgenommen, da Solf Schaefer, seinerzeit Neue-Musik-Redakteur bei Radio Bremen, den Zyklus produzieren wollte. Das geschah im Herbst 1984 mit dem Pianisten Jochen Köhler, und im Januar 1985 fand bei den Tagen der Neuen Musik in Hannover die Uraufführung statt, gespielt von Georg Friedrich Schenck. Stücke und Passagen aus dem Zyklus »Septembertage« hat Erwin Koch-Raphael dann für einige Werke instrumentiert und bearbeitet, unter ihnen »Kalte Zeiten«.

Während Erwin Koch-Raphael an der Komposition arbeitete, las er Romane von Fjodor Dostojewski. Die dort formulierten Vorstellungshintergründe »kalter Zeiten« lieferten dem Komponisten einen Bildeindruck, den er in der Musik einfing. Mehrere Faktoren lassen Assoziationen zu Kälte entstehen. Die Musik ist konzentriert und erscheint noch verdichteter als die zehn Jahre zuvor geschriebenen aphoristischen »NachtStücke«. Und durch die klangliche Isolierung einzelner Instrumente klingt das Ensemblewerk streckenweise nüchtern und hart.

Der erste Satz eröffnet mit dissonanten, clusterhaften Klängen und hat einen heftigen und aggressiven Charakter, zu dem der sanfte Streicherakkord am Ende des Satzes in deutlichem Kontrast steht. Er leitet über in den langsamen, poetischen zweiten Satz, der vor allem Erkundungen im Klangbereich des Basses vornimmt und umgekehrt proportional zum ersten in heftigem Fortissimo ausklingt. Die tänzerischen Sechzehntelbewegungen des scherzohaften dritten Satzes sind in helle, beinah schöne Klangfarben gehüllt, die sich auf ostinaten Streicherklängen entfalten. Der vierte Satz verarbeitet Material aus den vorangegangenen Abschnitten, teils in der gleichen Instrumentation, und schafft durch die sparsame Motivik Assoziationen an Anton Weberns reduktive Schreibweise. Glockenklänge der Celesta läuten den Epilog ein, der als Hoffnungsstreifen am Horizont dienen soll. Das Stück ist zu Ende, wenn der letzte Tamtamschlag gänzlich verklungen und einer Stille gewichen ist. Sie verkörpert die Utopie einer besseren Welt.[65]

Auch bei diesem Werk verkörpert der Titel das Programm der Komposition. »Kalte Zeiten sind harte Zeiten, und das Stück, das ich geschrieben habe, ist ein hartes Stück«, notierte Erwin Koch-Raphael zur Komposition. Mehreres kam zu ihrer Entstehungszeit zusammen. George Orwell datierte seine Schreckensvision eines totalitären Überwachungsstaates auf das Jahr 1984. Der Überwachungsstaat war ein Thema,

das in jenem Jahr die gesellschaftliche Diskussion beherrschte; auch wurde »1984« neu
verfilmt. 1983 beschloss der Deutsche Bundestag dem NATO-Doppelbeschluss von
1979 zu folgen. Seit Ende des Jahres wurden Atomraketen aufgestellt, begleitet von
Protestdemonstrationen und heftigen Auseinandersetzungen. Dazu kamen noch Tur-
bulenzen im Leben des Komponisten. Diese politischen und privaten Komponenten
implementierte Erwin Koch-Raphael in »Kalte Zeiten« auf ähnliche Weise wie in der
vier Jahre zuvor entstandenen, ebenfalls politisch motivierten Komposition »Land der
Nacht«. Er entwarf eine Klangwelt, die den Charakter von Kälte ausstrahlt.

5.8 Die Performancegruppe ganZeit (1986 bis 1989)

1978 hatte sich Erwin Koch-Raphael auf das Gebiet des Musiktheaters begeben
und zwei Opern komponiert: »Das Spiel von David und dem König Saul« op. 12 und
»Jabberwhorl Cronstadt« op. 13. Das erste Stück entstand für einen Opernwettbewerb
in Dresden und erfüllt die traditionelle Form. Sein Stoff entstammt dem Alten Testament. »Jabberwhorl Cronstadt« schrieb der Komponist für die Hochschule der Künste
Berlin (heute Universität der Künste). Die Aufführung wurde allerdings kurzfristig
aus organisatorischen Gründen abgesagt. Inspiriert von Henry Millers Novellenband
»Schwarzer Frühling« handelt die Oper vom Familienleben eines Immobilienmaklers
und Schriftstellers, und am Ende des Stücks wird aus den Bühnen-Utensilien ein Müll-
berg gebaut. Das Konzept dieser Oper ist experimentell und lässt für die Regie vieles
offen.

Das Bestreben nach offenen musiktheatralischen Formen kennzeichnet die weiteren Arbeiten des Komponisten in diesem Bereich. 1984 gründete er mit Bremer
Studentinnen und Studenten die Gruppe »ganZeit« (siehe dazu Wilfried Wiemers Text
in Kapitel 7). Die Größe der Gruppe schwankte zwischen acht und 14 Mitgliedern
und bestand im Kern aus (in alphabetischer Reihenfolge) Joachim Burkhardt, Werner
Dumski, Margit Jöhnk, Erwin Koch-Raphael, Regina Nagel, Li Portenländer, Edeltraut
Rath, Herbert Schmitz, Christine Schroeder und Wilfried Wiemer. Der erste öffentliche Auftritt von »ganZeit« fand 1986 anlässlich des Bremer Neue-Musik-Festivals »Pro
Musica Nova« in der Bremer Weserburg statt. Das war unmittelbar nach der Nukle-
arkatastrophe in Tschernobyl, die ganz aktuell das Thema der Performance bildete.

Die Basis für die Arbeit der Gruppe waren die »Song Books« von John Cage. Das
1970 entstandene Stück besteht aus einer Sammlung von Noten, theatralischen Aktionen und Anweisungen. Diese können von beliebig vielen Interpreten vorgetragen und
in beliebiger Reihenfolge sowie mit beliebigen Überschneidungen aufgeführt werden.
Jeder Interpret stellt einen eigenen Ablauf zusammen. Es wird lediglich die Dauer der
Aufführung festgelegt. Zwei Dinge faszinierten Erwin Koch-Raphael an diesem Konzept. Zum einen kann jeder Interpret nach eigenem Ermessen etwas herausgreifen,

und da dieses nicht mit den anderen Interpreten synchronisiert ist, entsteht ein irregulärer Zeitverlauf. Zum anderen geht es nicht nur um Musik, sondern auch um Theater und Körperlichkeit: der Mensch bringt sich als Ganzes ein. Das symbolisiert der Gruppenname »ganZeit«: Ganzheitlichkeit und freie Gestaltung des Parameters Zeit.

Neben den Ideen von John Cage war eine weitere Inspirationsquelle für diese Arbeit das japanische Butoh-Theater, in dem Körperlichkeit einen teils brutalen, teils erotischen Ausdruck findet. Das korrespondiert mit dem Wunsch des Komponisten die Idee von Theater so weit wie möglich in Richtung einer Ganzkörpererfahrung auszuweiten. Immer wieder spricht er von einem politischen Musik- und Körper-Theater, das nicht nur das Bewusstsein verändern solle, sondern den Menschen als Ganzes.

Eine Rezensentin beschrieb den Auftritt der Gruppe namens »Göttinnenspeise« zum 100jährigen Jubiläum der Künstlerkolonie Worpswede 1989: »In einer lachsroten Speise liegt der entblößte Körper einer Frau – aufgebahrt und von zwei Akteuren im Adamskostüm umgeben, die mit den Händen nach Körper oder Götterspeise greifen und ihre Form des Liebkosens betreiben. Den Schlußakt des Spektakels bildet das Heraustragen der – mittlerweile bekleideten – Göttin vor das Haus, wo wenig später nur noch ein brennender Scheiterhaufen zu sehen ist. Die Musik dazu bestand aus einer Mischung von tierischen Lauten, dem monotonen Verlesen von anonymen Kontaktanzeigen und dumpfen Klängen von Rohren, Gongs und Eisen, die aus einem halligen Raum unter den Füßen des Publikums kamen.«[66]

**Performance von »ganZeit« 1986 im Neuen Museum Weserburg
anlässlich des Neue-Musik-Festivals »Pro Musica Nova« Bremen.**

Der Gruppe ging es um das Zusammenbringen von Klang, Körper und Theater. Die Arbeit daran gestaltete sich frei. Jeder konnte sich nach eigenem Belieben einbringen. Ideen wurden besprochen, aber nicht zensiert und nicht kritisiert. Es wurde auch nicht geprobt, um Bewegungsabläufe zu perfektionieren. Es ging darum, die Authentizität der Darstellung nicht zu beeinträchtigen und den Verlauf der Aufführung nicht zu stark zu determinieren. Die Wünsche und Persönlichkeiten der jeweils Anderen wurden akzeptiert, so wie sie waren. Erwin Koch-Raphael versteht das als eine gelebte Anarchie im ursprünglichen Sinn des Wortes: als Anfangs- und Herrschaftslosigkeit. Bei den Aufführungen machte jeder etwas Eigenes und agierte für sich.

Viele Prinzipien der Arbeit mit »ganZeit« flossen später in Erwin Koch-Raphaels pädagogische Arbeit ein. Er hatte 1991 beim ersten »Response«-Projekt des Ensemble Modern teilgenommen, 1998 das Schulprojekt »Kassandra-Skizzen« realisiert (siehe unten) und 2004 das Projekt »ambi« in Bremerhaven begründet. Bei diesen Unternehmungen ging es nicht nur darum, Schülerinnen und Schülern die neue Musik näher zu bringen. Ebenso wichtig war und ist es, Kreativität zu wecken und Freiheitsräume beziehungsweise Möglichkeitsfelder zu öffnen.

5.9 composition no. 39 für Flöte und Ensemble (1988)

Während seines Paris-Aufenthalts in den Jahren 1987/88 hatte Erwin Koch-Raphael erfahren, dass Wassily Kandinsky seine Bilder mit dem neutralen Titel »composition« versah. Der Maler wollte damit vermeiden, die Interpretation der Gemälde in eine bestimmte Richtung zu lenken. Auch Koch-Raphael geht es um ein möglichst unbefangenes Hören der Musik. Deshalb nummeriert er seit 1988, beginnend mit »composition no. 39«, seine Werke durch. Seit 1996 gibt es allerdings für die meisten Stücke wieder Titel, die als Zusätze zur Nummer erscheinen.

»composition no. 39« bezeichnet der Komponist als eine »vollkommen abstrakte Komposition«. Anders als bei den bisher erwähnten Stücken gibt es keinen Bezug zu bestimmten Inhalten. Dennoch spiegelt das Werk einen außermusikalischen und wesentlichen Aspekt von Koch-Raphaels Gedankenwelt: sein inniges Verhältnis zu Zahlen.

In »composition no. 39« dienten Zahlen dazu, das Werk zu strukturieren. Die Zahl 13 und ihr Vielfaches (darunter 39!) bildeten den Ausgangspunkt, von dem aus sich verschiedene Proportionen und Geometrien ableiteten. Das Stück enthält demzufolge 13 »Kapitel«, die von Intermezzi eingeleitet werden und die in den Zahlen verborgenen Symmetrien durch musikalische Strukturen abbilden. Das Stück ist so streng dem Strukturentwurf folgend komponiert, dass keine Rücksicht auf die Realisierbarkeit der Noten genommen wurde. Einige Abschnitte sind so, wie sie in den Noten stehen, unspielbar.

Die strukturelle Kraft der Zahlen schöpft Erwin Koch-Raphael in »composition no. 39« sehr weit aus. Im ersten »Kapitel« zum Beispiel erscheint die Zahl 13 übersetzt in Morsezeichen, wodurch sich ein unregelmäßiger, impulsiver Rhythmus ergibt. Alle Intermezzi dauern genau 26 Sekunden (2 x 13). Sie sind als Fenster zu dem jeweils folgenden Teil der Komposition gedacht. Im Vorwort zur Partitur vermerkt der Komponist, dass die Pausen zwischen den dreizehn Sätzen sekundengenau eingehalten werden müssen, damit die Proportionen des Ganzen sinnlich erfahrbar, oder, wie er sagt, »seelisch zähl- und messbar« werden.

Daraus ergibt sich eine Klanglichkeit, bei der extreme Kontraste und Brüche dominieren. Statische Flächen stehen neben Klangfarbenspielen und stark geräuschbetonten Abschnitten. Das lässt die strenge Struktur des Werks spüren. Daneben klingt ganz sachte Jazziges und Kirchenmusikähnliches an. Es wird aber nicht ausgeformt, sondern wirkt wie eine schwache Erinnerung an diese Idiome. Das lange Flötensolo im siebten Kapitel schließlich dehnt mit extrem langen, meditativ getränkten Tönen die Zeit und löst sie durch seinen gleichförmigen Verlauf scheinbar auf.

So begegnen der strengen Konstruktion in »composition no. 39« klangliche Anwandlungen, die zwar ihre Existenz dem Konstruktiven verdanken, von diesem jedoch weg in andere, vom Komponisten in diesem Fall nicht näher bestimmte Erlebniswelten führen. Das Werk exemplifiziert die jeder gelungenen Musik innewohnende Dichotomie zwischen Konstruktion (Struktur) und Sinnlichkeit (Ausdruck). Trotz extrem kontrollierter Setzung entsteht letztlich eine Musik beziehungsweise ein Klanggebilde, das diese Struktur transzendiert. »composition no. 39‹ ist somit eine Setzung (im Vostellschen Sinne), ein künstliches Produkt, aufgeladen mit Fragen, Erkenntnissen, Geschichte und Erfahrungen, hingestellt in den Bereich sinnlicher Wahrnehmung«, heißt es im Vorwort der Partitur.

5.10 composition no. 48 für Klarinettenquartett (1995)

Sieben Jahre später, 1995, entstand ein Werk, das »composition no. 39« in der Strenge des konstruktiven Ansatzes ähnelt. Erwin Koch-Raphaels Ziel war auch hier, das Potenzial des Strukturellen auszuloten. »composition no. 48« besteht aus zwölf Stücken von je etwa einer Minute Dauer. Zwischen den Teilen sind Pausen von je zehn bis vierzehn Sekunden vorgeschrieben, die die einzelnen Stücke voneinander isolieren. Im ersten Stück beruht die musikalische Gestalt auf einer Folge von Morsezeichen und der Kombination von Summen- und Differenztönen der Holzblasinstrumente. Den anderen Teilen liegen die Prinzipalrhythmen der »NachtStücke« und von »composition no. 46« zugrunde.

In »composition no. 48« für Klarinettenquartett sollen die Klänge nichts ausdrücken als sich selbst. Das Stück sei »konkrete Musik als äußerste Möglichkeitsform

»composition no. 48«, 9. Stück.
Abdruck mit freundlicher Genehmigung von Boosey & Hawkes.

abstrakter Musik«, notierte der Komponist in der Partitur. Wie in »composition no. 39« jedoch transzendiert die Musik auch hier den strukturellen Ansatz. Ihre sinnliche Ausformung ist mehr als nur die Realisierung ihrer architektonischen Gestalt. Sie führt in eine Erlebniswelt, die vielfältige Assoziationen erlaubt.

Jedes der zwölf Stücke hat eine musikalische Fragestellung, die den Rhythmus, den Klang, die Dynamik oder die Artikulation betrifft. Der Rhythmus des ersten Stücks ergibt sich aus den Morsezeichen. Der Klang ist hoch und schrill und in seiner Schärfe durch Differenztöne verstärkt. Im zweiten Stück werden Chalumeau- und Diskantregister gegenübergestellt. Die schnell verhuschenden Teile zitieren, zeitlich gestaucht, aus Johann Sebastian Bachs »Wohltemperiertem Klavier«. Das dritte Stück besitzt einen ruppig klingenden, jazzigen Charakter, dessen Melodie einer Zwölftonreihe folgt und eine Reverenz an den von Koch-Raphael sehr geschätzten Jazzmusiker Peter Brötzmann darstellt. Das vierte Stück basiert wie das erste auf einem Morsecode, ist klanglich aber gewissermaßen enggeführt, da alle Musiker eine B-Klarinette spielen. Das fünfte Stück nimmt den Impuls des ersten auf, ergänzt um gehaltene Akkordklänge. Im sechsten Stück entfaltet Erwin Koch-Raphael eine perlende, von griechischer Tanzmusik inspirierte melodische Struktur. Mit dem siebten Stück assoziiert er das atmosphärische Fantasiebild eines Glashauses mit Fachwerk in Chrom. Dieser Beschreibung haftet nichts Abstraktes oder Konstruktives mehr an. Entsprechend leise, durchsichtig und geräuschig sind die Klänge, und die Bassklarinette wird solistisch behandelt. Akkordblöcke in tiefer Lage, die mit ruhigen Ornamenten versehen sind, prägen das achte Stück. Das neunte besteht aus wenigen, kurzen, hingehauchten und mit Geräuschhaftem angerauten Tönen. Hier bricht Erwin Koch-Raphael mit dem rein strukturellen Denken und verbindet die Musik mit Inhaltlichem: sie sei durch ihre klangliche Charakteristik eine »Ansprache der Außerirdischen an die Menschheit«. Die Klänge zielten auf Zwischenräume, in denen sich Unbekanntes und Unfassbares verberge. Das zehnte Stück wirkt wegen der streng durchgehaltenen Sechzehntelnoten und dem rotierenden Klang, aus dem es besteht, wieder sehr konstruktiv. Das elfte Stück ist ein Solo für Bassetthorn, das mit dem siebten Stück korrespondiert. Hier wie dort erklingen nur wenige leise Töne, die aus dem Nichts zu kommen und in dieses wieder zu verschwinden scheinen. Das zwölfte Stück schließlich entfaltet schwirrend dahin fließende Linien, deren Lagenwechsel von einer abgewandelten Fibonacci-Folge abgeleitet sind.

5.11 Kassandra-Skizzen für Chor, Orchester und Tonband (1998)

Bei den »Kassandra-Skizzen« handelte es sich um ein Schulprojekt mit Chören mehrerer Bremer Schulen. »Ich wußte, ich komponierte nur ganz speziell für diesen Zweck, nämlich um ›Kassandra‹ mit Schülern aufzuführen. Es sollte nicht nur so sein, daß die Schüler mein Stück spielen, sondern daß sie wesentliche Zusammenhänge Neuer Musik lernen, daß sie erfahren, wie man sie singen und interpretieren kann. Das betrifft in erster Linie die Chorstücke, sie haben eindeutig pädagogische Ansätze. Daher wollte ich auch, daß jedes dieser sechs Chorstücke einen anderen Stil hat und eine andere Seite der Möglichkeiten zeigt, die es in Neuer Musik geben kann.«[67] Dabei konnte Erwin Koch-Raphael auf die Erfahrungen zurückgreifen, die er sieben Jahre zuvor beim Frankfurter »Response«-Projekt gemacht hatte. Auch dort ging es darum, den Schülerinnen und Schülern durch praktische Arbeit neue Musik vorzustellen und zu vermitteln.

Erwin Koch-Raphael bezeichnet die »Kassandra-Skizzen« als eine seiner wichtigsten Kompositionen und Projekte überhaupt. Das hat vor allem mit dem Kontext des Stücks zu tun. Es ging nicht nur um Musik, sondern auch und in besonderem Maß um das Leben. Durch die praktische Arbeit hatten sich Musik und Leben geradezu handgreiflich miteinander verquickt. So ist das Stück, ähnlich wie das Projekt »ganZeit«, ein »ganzheitliches«, zu dem nicht nur die Aufführung gehörte. Genauso wichtig waren die konkrete Probenarbeit mit den Schülerinnen und Schülern, die persönlichen Kontakte, die dabei entstanden, und die »Nützlichkeit« des Projekts für die Erfahrungswelt und das Leben der daran Beteiligten, unter ihnen auch die Schulchorleiterin Ingrid Galette-Seidl, die Schauspielerin und Regisseurin Senta Bonneval-Böll und Ele Hermel, die das Bühnenbild erstellte. »Mir war wichtig, daß die SchülerInnen, die mitmachen wollten, aktiv auch am Entstehungsprozeß der Gesamtform teilnahmen und so ihre eigne Sicht auf die Welt und ihre eigene, erfahrene aktuelle Lebensproblematik mit einbrachten«, schreibt Erwin Koch-Raphael in seinen Anmerkungen zur Komposition. Auch der Aufführungsort führte direkt in die gesellschaftliche Realität: die »Kassandra-Skizzen« wurden 1998 im Bremer Schlachthof uraufgeführt.

Das Thema des Stücks ist der Krieg, denn seit Februar des Jahres 1998 war die Bundesrepublik Deutschland in den Kosovokrieg und zum ersten Mal in ihrer Geschichte überhaupt in einen Krieg verwickelt. Der Text, den Erwin Koch-Raphael als Vorlage für das Libretto nahm, ist die 1983 erschienene Erzählung »Kassandra« von Christa Wolf. Die Autorin greift den antiken Mythos auf. Kassandra ist eine Person, die in die Zukunft sehen kann, deren Prophezeiungen aber niemand glaubt. Sie wird zur Außenseiterin. Christa Wolf stellt sie als eine Persönlichkeit dar, die den Mut habe, die wirklichen Verhältnisse der Gesellschaft zu sehen und daher ins Abseits gedrängt werde.

Uraufführung der »Kassandra-Skizzen« 1998 im Schlachthof Bremen.

Formal greift Erwin Koch-Raphael in den »Kassandra-Skizzen« auf die englischen Masques des 16. und 17. Jahrhunderts zurück. Es handelt sich um eine Vorform der Oper, bei der theatralische Szenen mit Musikstücken abwechseln. Koch-Raphael nutzt diesen Wechsel, um zwei Erlebniswelten darzustellen: mit den Chören die harte Realität und mit den Instrumenten eine feinsinnige Innenwelt. Sechs Chorsätze transportieren die Handlung, wobei das Singen mit darstellerischen Aktionen verknüpft ist. Dazwischen erklingen acht Instrumentalstücke, die teilweise leise, besinnlich und nach innen gekehrt geschrieben sind.

5.12 composition no. 55 (concertino) für Violine und Ensemble (2000)

Im Gegensatz zu »composition no. 39« und »composition no. 48« steht bei »composition no. 55 (concertino)« für Violine und Ensemble aus dem Jahr 2000 das Inhaltliche sehr viel stärker im Vordergrund. In den beiden anderen genannten, konstruktiv geschriebenen Werken ging es um die Macht der Zahlen und die Faszination der Strukturen, die aus ihnen entwickelt werden können. Es ging darum, möglichst streng zu schreiben und das Potenzial dieser Strenge auszuloten. Bei »composition no. 55 (concertino)« hingegen hatte sich Erwin Koch-Raphael dazu entschlossen, relativ frei zu komponieren und die Prinzipalrhythmen aus »composition no. 53« und »composition no. 41«, die dem Stück zugrunde liegen, sehr flexibel anzuwenden.

Formal orientierte sich der Komponist an den englischen Fancies. Das sind Fantasien, eine musikalische Gattung, die es seit dem 16. Jahrhundert gibt. In gewisser Weise sind sie eine »Antigattung«, denn sie erscheinen immer dann, wenn ein Komponist frei schreiben und sich nicht der üblichen Formschemata bedienen wollte. Außerdem haben Fantasien nicht selten das Ziel, wie ein Stück improvisierte Musik zu wirken. Das ist auch bei »composition no. 55 (concertino)« der Fall. Das Werk besteht aus sechs solcher Fantasien. Sie bilden eine lockere Folge von Abschnitten, die blockhaft nebeneinander stehen. Im letzten Drittel der Komposition wird das bisher exponierte wiederholt, jedoch zunehmend aufgelöst und zerbröckelt.

Den Vordergrund der Komposition bildet die Violine als Träger der meisten melodischen Strukturen. Sie korrespondiert gelegentlich mit melodischen Motiven in anderen Instrumenten und beherrscht den zentralen Mittelteil des Stücks. Dieser heißt »The Cry of the Banshee« und bezieht sich auf eine irische Sage. Die Banshee ist eine Fee, die in einer Anderswelt lebt, einer Welt jenseits unseres Erfahrungshorizonts. Es ist ein Totenreich, in dem andere Zeitbegriffe gelten als in der Welt der lebenden Menschen.

Dieser Mythos steht für den Einbruch von Chaos und Wildnis in Ordnung und Zivilisation, den Erwin Koch-Raphael mit »composition no. 55 (concertino)« formulieren möchte. Eine ähnliche Gegenüberstellung von Fantasie und Logos fand sich im Orchesterstück »Trollebotn« am Anfang seiner kompositorischen Laufbahn. Erwin Koch-Raphael öffnet Klangräume, die einen Blick hinter die Kulissen unserer rationalistischen Welt ermöglichen. Die solistisch gespielte Violine erlaubt sich chaotisch wirkende Ausbrüche. Sie spielt flirrend Verwischtes und Flüchtiges sowie nach innen Gewandtes. Das Ensemble bildet dazu einen Klanggrund, schreckt mit plötzlichen Ausbrüchen auf und verstärkt dadurch den Eindruck einer frei, wild und ungebunden fließenden Musik. Die Klangatmosphäre, die dadurch entsteht, wird durch besondere Spieltechniken im Ensemble geweitet, etwa indem eine Piccoloflöte im tiefsten Bereich spielt und dort wie eine Panflöte klingt.

Erwin Koch-Raphael setzt moderne Spieltechniken ein, um Geräusche zu erzeugen und lässt zahlreiche Glissandi spielen. Damit verlässt er den vertrauten Raum der zwölftönigen temperierten Skala, der ja ein rationalisierter Raum ist. Die Teilung der Oktave in zwölf gleiche Halbtöne entspricht nicht den natürlichen Schwingungsverhältnissen, sondern ist ein Kunstprodukt. Sie dient dazu, alle zwölf Töne systematisch anwenden und dem kompositorischen Logos unterwerfen zu können. In »composition no. 55 (concertino)« entziehen sich die Töne teilweise dieser Systematisierung und führen in eine ungebundene und chaotische Welt. Diese Welt charakterisiert Erwin Koch-Raphael in seinen Anmerkungen zum Werk als »bizarr, absurd, kafkaesk«.

5.13 composition no. 60 (shôgo/noonday) für Koto und Blockflöte (2005)

Die Grundlage dieser Komposition für Koto und Renaissanceblockflöte war ein von Erwin Koch-Raphael selbstverfasstes Gedicht mit dem Titel »Noonday« (»Shôgo« auf Japanisch).

Über den Bergen die Sonne.
Himmel überall.
So weit.
Da. Ein Vogel.
Steine und Felsen.
Tiefer Schlaf.

Das Gedicht beschreibt ein Stimmungsbild, das die Welt des Werks umreißt. »Erwin Koch-Raphaels mehrteiliges Duo ›shôgo/noonday‹ ist vielleicht das Stück auf dieser CD, das am reinsten ›asiatisch‹ klingt: hier wird die Stille zwischen den Klängen besonders deutlich«, notierte der Blockflötist Jeremias Schwarzer zu seiner Einspielung des Werks.

»composition no. 60 (shôgo/noonday)«, Manuskript Seite 1.

Asiatische und europäische Elemente kommen in dieser Komposition wie in kaum einer anderen von Erwin Koch-Raphael zusammen. Dabei wollte der Komponist diese Elemente nicht miteinander verschmelzen, sondern die Idiome der unterschiedlichen Kulturen gegeneinander setzen. Das äußert sich einerseits im Klangcharakter, den die Instrumente evozieren. Die Blockflöte vertritt die europäische Musik, wobei dem Klang der Renaissanceflöte auch etwas Exotisches, leicht Fremdes anhaftet. Dazu kommt, dass sie einige Spielweisen der japanischen Bambusflöte Shakuhachi übernimmt. Die Koto mit ihrem harten, mikrotonal vibrierenden, mit keinem europäischen Saiteninstrument vergleichbaren Klang lässt die asiatische Kultur aufscheinen. Dazu kommt der Gesang der Kotospielerin. Erwin Koch-Raphael hatte sein Gedicht ins Alt-Japanische übersetzen lassen. Da wir als europäische Hörer die Worte nicht verstehen, gewinnt die Singstimme instrumentalen Charakter. Wir hören vor allem ihren Klang.

Mehr noch als diese klanglichen Assoziationen erzeugt die Struktur der Musik ihre ostasiatische Erscheinung. Das Werk besteht aus acht ein- bis dreieinhalbminütigen Einzelstücken, die unmittelbar aufeinander folgen und durch sehr kurze Pausen getrennt sind. Diese Pausen wirken als Momente der Stille, die die Einzelstücke eher verbinden denn trennen.

Die Setzung der Töne wirkt reduktiv. Sie sind in einen kompositorischen Zusammenhang gebettet, der nicht in den Vordergrund der Wahrnehmung tritt. Selbst an virtuosen Stellen scheint es, als stünden die Klänge vereinzelt und für sich allein im Raum. Das betont ihren Eigenwert und fokussiert das Hören auf den singulären Moment. Die Zeit scheint stehenzubleiben, und der Klang steht frei im Raum. In diesen Zeitmomenten, in diesen Singularitäten (nach Caccari) kann sich der einzelne Klang quasi zeitlos entfalten. Dazu kommt die Stille, auf die Jeremias Schwarzer hingewiesen hat. Sie ist hier keine Pause, sondern genau wie die Töne ein Ereignis. Auch sie bildet eine Singularität, in der man genauso Empfindungen haben und Erfahrungen machen kann wie beim Hören eines Klangs.

Sehr deutlich wird hier Erwin Koch-Raphaels Zeitvorstellung. Der Komponist betrachtet Zeit als etwas flexibles, in verschiedene Richtungen dehnbares und sehr weit von der chronologisch gemessenen Zeit entferntes Phänomen. In »composition no. 60 shôgo/noonday« verliert sie sich in einem quasi zeitlosen Raum, in dem nur der gegenwärtige Moment zählt.

Erwin Koch-Raphael hat dem Prinzipalrhythmus für die Komposition das Gestaltungsprinzip von Jo-ha-kyu zugrunde gelegt. Es stammt aus der traditionellen Gagaku-Musik und findet sich in zahlreichen japanischen Künsten: bei der Teezeremonie, beim Kampfsport und beim No-Theater. Es ist ein dreistufiges Konzept, allerdings kein dialektisches Prinzip, sondern eines der Veränderung oder Wandlung. Einem langsamen Beginn folgen eine Beschleunigung und dann ein rasches Ende. Der

»composition no. 60 (shôgo/noonday)«, Manuskript Seite 6.

Schriftsteller und Schauspieler Zeami Motokiyo, der Mitte des 14. Jahrhunderts geboren wurde, schrieb eine Abhandlung über Jo-ha-kyu, in der er dieses Prinzip sogar als ein universales betrachtete.

In Erwin Koch-Raphaels Skizzen zum Werk findet sich die Zeichnung einer frei wachsenden Pflanze von der Wurzel über den Stiel mit seinen Blättern bis hin zur Blüte. Sie symbolisiert das Prinzip der Wandlung von einem Grund nach oben hin, vom Körperlichen zum Geistigen. »Man denkt sich den Menschen nun wie eine Pflanze, die aus dem Boden in den Luftraum hinauswächst. Die Krone seines Hauptes ist die Stelle, wo der Wurzelstamm die Oberfläche zwischen dem Alltäglichen und dem Transzendenten durchdringt.«[68]

»composition no. 60 (shôgo/noonday)« wirkt mit ihrer Nähe zum Ostasiatischen wie eine Hommage an John Cage, den Erwin Koch-Raphael außerordentlich schätzt (siehe Kapitel 6). Cage hatte durch seine Erfahrung mit der ostasiatischen Kultur und dem Zen-Buddhismus vor allem der Stille gebührenden Respekt entgegengebracht und ihr einen neuen, eigenständigen Platz in der Musik verschafft.

5.14 Schottisches Trio op. 20 für Flöte, Violoncello und Klavier (1978/2009)

Das »Schottische Trio« op. 20, ein Thema mit 21 Variationen, entstand in dem
drei Jahrzehnte überspannenden Zeitraum zwischen 1978 und 2009. Das Thema und
die ersten Variationen stellte Erwin Koch-Raphael 1979 fertig. Dann unterbrachen
sein Korea-Aufenthalt, Kompositionsaufträge und einige persönliche Ereignisse die
Arbeit. 2009 schließlich brachte er das Stück zum Abschluss.

Bei der Komposition des »Schottischen Trios« begann der Komponist nicht mit
einem Prinzipalrhythmus, sondern leitete diesen aus einem erfundenen Thema und
dessen rhythmischen Proportionen ab. Den Variationen liegen jeweils Ausschnitte aus dem Prinzipalrhythmus zugrunde. Das Thema hat vier lang gehaltene Noten,
was sich im Prinzipalrhythmus durch vier lange Striche abbildet. Diese werden durch
senkrechte Striche strukturiert, die sowohl Akzente anzeigen als auch die rhythmische
Gliederung der Melodie. Erwin Koch-Raphael notierte unter der Zeichnung des Prinzipalrhythmus den konkreten Rhythmus mit Notenwerten und bezeichnete ihn als
»Urrhythmus«.

Thema und Prinzipalrhythmus des »Schottischen Trios« tauchen in der Folge des
Öfteren in Koch-Raphaels Werken auf. Sie liegen beispielsweise »composition no. 74
(I told you)« (siehe unten) zugrunde, und der größte Teil von »composition no. 71
(tartans.variations)« für Flöte, Bassflöte und Klavier ist sogar eine fast wörtliche Umin-
strumentierung von Teilen des »Schottischen Trios«. Erwin Koch-Raphael empfindet
diesen Prinzipalrhythmus als dynamisch und ausgewogen und bezeichnet ihn ganz
schlicht als »schön«.

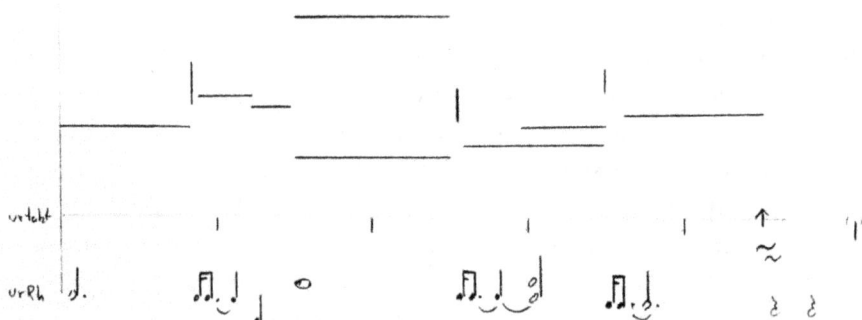

Prinzipalrhythmus zu »Schottisches Trio« op. 20.

Das Thema lässt den Prinzipalrhythmus sehr gut und unmittelbar verfolgen. Nach einer frei komponierten Einleitung im Klavier beginnt er mit der ersten punktierten Halben im Violoncello und dem Sechzehntel-Akzent in der Flöte und wird weiter durchgespielt. Dann beginnt er ein zweites Mal, wird jedoch nicht mehr vollständig, sondern nur noch fragmentarisch ausgeführt. Der Prinzipalrhythmus taucht also gewissermaßen anderthalb Mal auf, wird von frei komponierten Passagen umflossen und lässt so einen motivisch und formal sinnvollen Satz entstehen. Dies ist ein typisches Beispiel, auf welche Weise Erwin Koch-Raphaels Musik die gegensätzlichen Prinzipien Ordnung und Freiheit miteinander verbindet.

Es folgen, beinah klassisch in ihrer Erscheinung, 21 Variationen. Es gibt schnelle und langsame, andere sind zum Teil äußerste Verdichtungen des Themas auf nur ganz wenige Noten wie Variation 7: ein Akkord wird mit drei Schlägen intoniert, gehalten und am Ende erklingt ganz kurz (eine Sechzehntel) ein zweiter. Und Variation 16 besteht nur aus Klappen- und Klopfgeräuschen und verlässt damit den Bereich der Töne.

Immer wieder, besonders deutlich in den Variationen 4 und 6, erklingen Motive mit volksmelodischem Charakter. Es sind Zitate aus Liedern des schottischen Dichters Robert Burns, die einen inhaltlichen Aspekt der Komposition ausmachen. Das Idiom der Lieder erscheint, und die Muster der schottischen Kilts, »tartans« genannt, beeinflussten die Strukturen des Stücks. Denn der Auslöser für das Werk war eine Schottlandreise des Komponisten im Jahr 1977.

Während dieser Reise sammelte Erwin Koch-Raphael vielfältige Eindrücke und notierte sie in ein kleines Heft: Notenskizzen, Fotos, kleine Fundstücke, Eindrücke aus dem Horrorroman »The Omen« von David Seltzer nach dem gleichnamigen, 1976 erschienenen Film, den der Komponist während der Reise las, und vieles mehr. Das alles sind ganz persönliche Dinge. Jede Seite aus diesem Heft bildete dann die Vorlage für einen Satz des »Schottischen Trios«. Das Stück ist eine Komposition, in welcher der Komponist höchst subjektive Eindrücke seines privaten Lebens verarbeitete (siehe Seite 25, 68).

5.15 composition no. 73 (popol wuj) für Bariton und Klavier (2013)

Neben der nordischen Mythologie in »Trollebotn«, der fantastischen Literatur in den »NachtStücken«, der irischen Sagenwelt in »composition no. 55 (concertino)«, politischen Ereignissen in »Land der Nacht« und »Kalte Zeiten« sowie der persönlichen Welt im »Schottischen Trio« ist die inhaltliche Ausrichtung von »composition no. 73 (popol wuj)« kulturell-politisch. Sie beschäftigt sich mit dem Schöpfungsmythos der Maya und der Zerstörung ihrer Kultur. Dieser Mythos ist im »Buch des Rates«, im »Popol Wuj« niedergelegt.

Bei »composition no. 73 (popol wuj)« hatte sich Erwin Koch-Raphael dazu bewegen lassen, Text zu vertonen. Das macht der Komponist eigentlich ungern, da ihn die konkrete Semantik des Textes zu sehr beim Entwerfen der Musik einschränke. Sie verkleinere die Offenheit und die Unbestimmtheit der Musik, die ja gerade ihre Besonderheit ausmache. Die klaren Aussagen von Texten überlagerten die nichtverbalen und subtilen Bedeutungen der Musik mit Eindeutigkeiten. Besonders schwierig findet Erwin Koch-Raphael das bei Gedichten. Sie entfalteten bereits eine eigene Welt, die formal und inhaltlich in sich stimmig sei und sich selbst völlig genüge. Der Komponist hat dann das Gefühl, dass dem nichts mehr hinzuzufügen sei, dass Musik nicht nötig sei und nur verdoppeln könne. »Ein Wortraum, der selber schon so schwergewichtig und in sich als Gedicht so vollendet, ganz vollkommen und künstlerisch direkt vom Letzten spricht, lässt sich kaum in Musik umsetzen, ohne dass die Worte oder die Musik sich verflachen. Die Worte müssen an Kunst viel Raum übrig lassen, um Musik notwendig zu machen, den Worten muss etwas fehlen, was die Musik überhöhend ergänzt und umgestaltet.«[69]

»composition no. 73 (popol wuj)« gehört zu einem Projekt der Pianistin Juliane Busse, das sich mit der Zerstörung der Maya-Kultur durch die spanischen Eroberer beschäftigt. Auszüge aus dem südamerikanischen Weltentstehungs-Mythos »Popol Wuj« bilden die Vorlage für die 15 Gesänge der Komposition. Bei einer Aufführung werden zwischen den Gesängen weitere Texte von einem Sprecher rezitiert. Es sind Ausschnitte aus dem zeitgenössischen Bericht eines Priesters über die Gräuel der spanischen Eroberer.

Um der Konkretheit des gesungenen Textes etwas entgegenzusetzen, schrieb Erwin Koch-Raphael keine Textvertonung im klassischen Sinn. Zwar sind es Lieder für Gesang und Klavier, doch die Musik ist als eigenständiges Element behandelt.

»composition no. 73 (popol wuj)« liegt ein Prinzipalrhythmus zugrunde, der sich aus der Übersetzung des Wortes »Quetzal« (Bezeichnung für einen in Südamerika heimischen Vogel und eine Gottheit) in Morsezeichen ergab. Darüber hinaus folgen die 15 Gesänge einer symmetrischen Struktur, die sich auch musikalisch spiegelt. So werden die Stücke eins bis drei zunehmend dichter, im vierten und im zwölften erklingt Trommeln (auf zwei kleinen Bongotrommeln), und vom fünften bis zum siebten wird wieder zurückgeführt. Das erste und das letzte Stück sind für Gesang solo, in der Mitte, dem achten Stück, besteht die Begleitung lediglich aus Klopfen auf dem Klavier.

Diese großformalen Strukturen bilden den Rahmen für eine äußerst vielgestaltige und heterogene Musik. Erwin Koch-Raphael entfaltet ein Panorama der abendländischen Klangkunst. Stile und Werke aus tausend Jahren Musikgeschichte klingen an, nicht als Stilkopie und selten mit einem direkten Zitat, vielmehr durch stilistische Assoziationen: die Gregorianik, der Barock, die Romantik und die Avantgarde mit dem Aufblitzen serieller Klangwelten. Wie kaum ein anderes Werk verdeutlicht »compositi-

18

8.

Der unten stehende Text wird vom Sänger zügig, aber
nicht zu schnell, gesprochen. Nach einer kurzen Pause
singt er dann auf "m" (bocca chiusa) ruhig & langsam
zwei Töne im Intervall einer großen Sekunde aufwärts.

während des Textvortrags improvisiert das Klavier
in unaufdringlicher Geschäftigkeit mit folgenden
Elementen so, daß etwa alle 4" ein Ereignis
zu hören (& zu sehen!) ist.
Das Pedal ist während der ganzen Zeit heruntergedrückt.

Die Elemente: (1) ein leise gespielter Dur- oder Molldreiklang in
Grundstellung. (2) mit einem Stift fest auf den Reso-
nanzboden klopfen (3) ohne weitere Aktion kräftig
(sffz) nur das Pedal herunter treten & weiter liegen
lassen [dies am besten gleich zu Anfang, bevor der
Textvortrag beginnt... Später auch noch ein- bis
zweimal—] (4) einen Ton in den Saiten anzupfen
(5) dasselbe in tiefer Lage und für Flageolett mit
der Hand punktweise abdecken (6) obere Saite ganz
abdecken (ohne Flageolett zu erzeugen) & an der Taste den
Ton fff anschlagen [Häuungserscheinung], (7) dazwischen & dabei immer wieder & entspannt summen
(die Töne: kleine Terz aufwärts - kleine Sekunde abwärts).

... der Text:

Dann ersannen sie erneut die Tiere der Berge,
die Beschützer der Wälder, alle Bewohner der Berge.

Den Hirsch und die Vögel,
Puma, Jaguar,
Schlange und Klapperschlange,
Grubenotter und den Beschützer des Unterholzes.

Dann schenkten sie Hirsch und Vogel ihr Heim.
"Du, Hirsch, an den Wasserwegen und in den Schluchten wirst Du schlafen.
Hier wirst Du sein,
an Lichtungen und Obstgärten.
Im Wald vermehrt ihr euch.
Auf allen Vieren wird euer Gang, euer Stand sein," wurde ihnen gesagt.

Daraufhin richteten sie das Heim für die kleinen und die großen Vögel:
"Ihr Vögel, auf den Bäumen, auf den Büschen,
werdet ihr euer Heim, euer Haus machen.
Dort mehr und vermehrt ihr euch,
in den Ästen der Bäume, den Ästen der Büsche,"
wurde Hirschen und Vögeln gesagt.

(ca. 1.00)

»composition no. 73 (popol wuj)«, Manuskript Seite 18.

»composition no. 73 (popol wuj)«, Manuskript Seite 36.

on no. 73 (popol wuj)« Erwin Koch-Raphaels freie, nicht an bestimmte Stilistiken oder modische Strömungen gebundene Haltung beim Komponieren.

Diese Heterogenität der Musik spannt einen Bogen über die europäische Musikgeschichte. Er dient dem Komponisten als positives Gegenbild zur Zerstörung einer Hochkultur, von der der Maya-Text berichtet. Denn Erwin Koch-Raphael sieht Parallelen zwischen dieser Zerstörung, also dem Niedergang der ursprünglichen südamerikanischen Kultur, und unserer Gegenwart. Im Laufe seiner Hochschulzeit beobachtete er bei seinen Studenten ein stetig abnehmendes kulturelles Wissen und kaum mehr vorhandenes historisches Bewusstsein. Wenn man so will ist »composition no.73 (popol wuj)« ein Gegengewicht, ein Aufscheinen von Hoffnung in einer relativ hoffnungslos erlebten Situation.

Kaum deutlicher als hier zeigt sich die untrennbare Verbindung von Musik und anderen Lebensbereichen in Erwin Koch-Raphaels Arbeit. Er sagt, er habe Musik »nie als ein Einziges begriffen. Sie ist mit allem anderen mit mir auf die Welt gekommen, mit Physik, Astronomie, Malerei, Lyrik.«[70] In »composition no. 73 (popol wuj)« verschränken sich auf komplexe Weise Geschichte und Gegenwart, Menschlichkeit und Grausamkeit, kulturelle Größe und Verfall, Einheit und Zerrissenheit, vorstrukturierte Form und Freiheit der Gestaltung, semantischer Text und assoziativer Klang. Das Werk demonstriert die Suche des Komponisten nach Antworten in einer Welt, deren Widersprüchlichkeit und Gewaltbereitschaft viele Opfer fordert.

5.16 composition no. 74 (I told you) für Klaviertrio (2015)

Eines dieser Opfer ist die Musikerin Amy Winehouse, die am 23. Juli 2011 im Alter von 27 Jahren starb. »Ein Leben, wie es viele führen, öffentlich oder privat, ein Hin- und Hergerissensein zwischen Begabung, Können und den Chancen zur Verwirklichung – und trotzdem am Boden, gnadenlos ausgeliefert den Gesetzen des Marktes, einer globalen Verfügbarkeit von Intimität, künstlerischem Genie, gesellschaftlicher Berufung und eigenen Bedürfnissen, ausgeliefert dem Geschäft und dem öffentlichen Voyeurismus auf ihre seelischen Befangenheiten: bei Amy Jade Winehouse kam alles dies sehr dicht und auf besonders tragische Weise zusammen, verstärkt durch ihr großes Bedürfnis nach Liebe und Vertrauen«, notierte Ana Qonda in ihren Anmerkungen zur »composition no. 74 (I told you)«, die in Erinnerung an die Musikerin geschrieben ist. Entwirft der Komponist mit »composition no. 73 (popol wuj)« (nicht nur, aber auch) ein kulturpessimistisches Panorama, so könnte man sagen, dass er sich in »composition no. 74 (I told you)« in diesem Panorama bewegt.

Das Stück hat vier Sätze. Im ersten, »The Prelude and Theme« genannt, exponiert Erwin Koch-Raphael ein Thema, das vom »Schottischen Trio« abgeleitet ist. Demzufolge liegt der Komposition auch der Prinzipalrhythmus des Trios zugrunde. Der zweite

Satz »The First Part« führt dieses Thema strukturell aus. Der dritte Satz »Between«
besteht aus langen Tönen, die alternierend von Violine und Violoncello gespielt werden. Sie erzeugen eine Art Klangband und verleihen dem Satz ein quasi asiatisches
Zeitgefühl, nur gestört durch harte Attacken des Klaviers. Dazu kontrastiert der letzte
Satz »The Second Part«, ein hektisch aufgewühltes Stück, in dem das Klavier dominiert und, wie der Komponist sagt, jeder gegen jeden kämpft und ein Instrument dem
anderen ins Wort fällt.

Es entsteht eine Atmosphäre, die wieder sehr deutlich Erwin Koch-Raphaels
Empfinden der Zeit als etwas Flexibles, Dehn- und Stauchbares spüren lässt, als et-
was, das sich der physikalisch gemessenen Zeit entzieht. Auch entfaltet sich die Musik
frei von jeglicher Teleologie, vor allem im dritten Satz. Sie schreitet von Moment zu
Moment. Ständig kann etwas Neues geschehen. Erwin Koch-Raphael bezieht das auf
Amy Winehouses Leben und empfindet diesen Abschnitt als Exemplifizierung eines
Rauschzustands, der ja ebenfalls das Zeitempfinden verändert.

Koch-Raphael stellt mit den vier Sätzen der »composition no. 74 (I told you)« vier
sehr unterschiedlich komponierte Stücke nebeneinander. Einmal steht der strukturelle
Aspekt im Vordergrund, wie er sich besonders in »composition no. 39« und »composition no. 48« äußerte. Dann gibt es frei Komponiertes, in dem es vor allem um Stim-
mungen und Atmosphären geht wie in »composition no. 55 (concertino)«. Auch zeigt
das Werk ähnlich wie »composition no. 73 (popol wuj)« Erwin Koch-Raphaels sehr
freien Umgang mit verschiedenen, kontrastierenden Klangwelten.

All dies ist hier in die klassische Gattung Klaviertrio gegossen. Ihr entspricht der
kammermusikalisch intime Gestus des Werks. Jedoch spielen die traditionellen gat-
tungsspezifischen Aufgaben der Instrumente kaum mehr eine Rolle. Der Komponist
nutzt vor allem ihre Klangcharakteristik und arbeitet mit dem Kontrast zwischen der
Flächenhaftigkeit des Streichersounds und den perkussiven Möglichkeiten des Klaviers.

Das Stück erscheint äußerst komprimiert auf einzelne Töne, Klänge und kurze
klangliche und rhythmische Motive. In ihnen kondensiert der Ausdruck der Musik.
Aufs Wesentliche verdichtet zielt »composition no. 74 (I told you)« auf die grundlegenden Fragen, die Erwin Koch-Raphael sich und der Welt stellt. Amy Winehouse ist
für ihn ein Symbol für das, was in dieser Welt in die falsche Richtung läuft und wie rau,
ungerecht und inhuman mit den Menschen häufig umgegangen wird.

5.17 Schlussbemerkung

»Kunst ist eine Form, das Leben auszuprobieren«, meint Erwin Koch-Raphael.
Das hat der Komponist mit der Gruppe »ganZeit« am vielleicht offensichtlichsten
praktiziert. Aber auf nicht weniger intensive Weise ist das auch bei den Werken der

The Prelude
and Theme

»composition no. 74 (I told you)«, Seite 1.

Fall, die am Schreibtisch entstehen. Erwin Koch-Raphael schreibt »normale« Partituren für »normale« Instrumente ohne Besonderheiten wie etwa ein eigenes Tonsystem oder eine klangexperimentelle Nutzung des klassischen Instrumentariums. Denn die Palette der Möglichkeitsfelder, die das »Normale« ihm bietet, ist nach wie vor sehr groß. Und auf Originalität kommt es heute weniger an denn je. Erwin Koch-Raphael hat sich ohnehin nie dafür interessiert, möglichst originell zu schreiben. Er möchte keine Glasperlenspiele im Klangraum veranstalten. Musik betrachtet er als integrativen Teil des Lebens. Der einzige Unterschied zu anderen Dingen, Sachverhalten und Phänomenen ist ihre Fähigkeit, vielleicht leichter als anderes Grenzräume zu öffnen und unmittelbare, authentische Erfahrung zu ermöglichen.

6. Texte von Erwin Koch-Raphael

6.1 Vorbemerkung

Von Zeit zu Zeit hat Erwin Koch-Raphael Texte verfasst. Meistens waren sie für Vorträge bestimmt, hin und wieder wurden sie in Programmheften oder Zeitschriften abgedruckt. Vier davon sind hier wiedergegeben, in denen der Komponist über zentrale Themen seines Denkens und Komponierens spricht.

Dazu gehört der Nachruf auf seinen Kompositionslehrer Isang Yun. Erwin Koch-Raphael berichtet von seinem Verhältnis zur Musik seines Lehrers und von dem humanitären Impetus, der Yuns Leben und Komponieren durchzog und Koch-Raphael tief bewegte. Auch tritt die Bedeutung der asiatischen Kultur hervor, die für Leben und Werk Koch-Raphaels entscheidend ist.

John Cages Werk beschreibt Erwin Koch-Raphael als eine »kopernikanische Wende« in der Musik, als eine grundlegende Änderung des Denkens über Musik und der Möglichkeiten des Komponierens. Zu Recht beklagt er, dass sich Cages Neuerungen aus der Mitte des 20. Jahrhunderts bisher viel zu wenig in der Musik niedergeschlagen haben.

Mit einem quasi ganzheitlichen Musik-Theater-Konzept, das er 1993 entwickelte, hat Koch-Raphael Konsequenzen aus Cages Wende in der Kunst und der Musik gezogen. Von 1984 an setzte er dieses Konzept mit der Gruppe »ganZeit« in die Tat um. In eine ähnliche Richtung gingen und gehen seine Arbeiten mit Schülerinnen und Schülern beim »Response«-Projekt des Ensemble Modern 1991, bei den »Kassandra-Skizzen« 1998 und beim Schulprojekt »ambi« seit 2004.

Auch sei ein Text aufgenommen, bei dem es um das Komponieren in Grenzräumen geht, um die Räume des Ungewissen, Unscharfen und Enigmatischen, in denen Erwin Koch-Raphael sich gern bewegt und die ihm Erfahrungswelten jenseits des streng Rationalen öffnen.

Diese Texte veranschaulichen die Denkweise des Komponisten. Ihre Diktion gestattet Einblicke in die Vernetztheit seines Denkens, das sich in den Bereichen Musik, Kunst, Literatur und Wissenschaft bewegt. Erwin Koch-Raphaels Sätze sind oft lang, detailreich und manchmal verschachtelt, jedoch ohne dass der rote Faden der Gedanken verloren geht. Der Komponist scheut sich nicht, die Dinge scharf und direkt auszusprechen und das Wesentliche zu pointieren. Er ist hart in seiner Kritik und einfallsreich mit seinen Ideen und Vorschlägen, wie es um die Musik bestellt sei, wie es mit ihr weitergehen könnte und was überhaupt ihr Wesen sei.

6.2 Ein Nachruf auf Isang Yun

Erstdruck: Programmheft zum Gedenkkonzert Isang Yun 1996, Hannoversche Gesellschaft für Neue Musik, 1996, S. 6-10

Es muss im Winter 1969 gewesen sein, im »Theater des Westens« Berlin. Dort sah ich Isang Yun zum ersten Mal in meinem Leben. Man spielte damals im Theater Yuns Opernzyklus »Der Traum des Liu-Tung« und ich weiß noch heute, dass diese Art von neuer Musik die erste war, die mich als jungen Menschen überhaupt begeistert hatte.

Meine eigene Art zu schreiben in jener Zeit war eher das, was man heute postmodern nennt, neuromantisch vielleicht, und meine innere Haltung gegenüber der Musik, wie sie seinerzeit vor allem aus Köln und Darmstadt kam, war ziemlich heftig die einer harten Ablehnung, konsequent aus meiner damaligen ästhetischen Grundeinstellung heraus. Sicher brauchte ich diese ablehnende Haltung damals, wie so viele meiner AltersgenossInnen auch, aber sie änderte sich schnell bei mir, und zwischen diesen beiden gegensätzlichen Positionen liegen meine sehr intensiven Begegnungen mit Isang Yun.

Als ich damals mit meinen Freunden aus dieser Opernvorstellung kam, war ich von zeitgenössischer Musik zum ersten Male tief bewegt und zugleich aufs Äußerste fasziniert. Ich war überrascht von dieser völlig anderen, aber doch so überzeugenden Art, Musik zu machen. Hier war keiner, der (wie ich und viele andere damals) versuchte, die europäische Tradition noch mal neu zu denken, hier war aber auch keiner, der sie mit neuen Erfindungen und konstruktiven Methoden aus dem europäischen Fortschrittsdenken heraus in Frage stellte. Nein, Yun war einfach anders, ganz anders als wir alle, so unterschiedlich wir uns auch intern empfanden. Und seine Musik war gut, war kompositorisch ausgefeilt, unerhört, leidenschaftlich und wirklich neu.

Ich bekam schlagartig Mut, unsere Musik, meine Musik, anders zu denken und sie völlig neu zu empfinden. Ich begann meinen »Blick von ganz weit außen«, eine Haltung, mit der ich noch heute lebe und komponiere. Ich wusste damals nicht, dass Yun inzwischen in Deutschland wohnte, ich ahnte auch nicht, dass ich einmal sein Kompositionsschüler werden würde. Als Isang Yun drei Jahre später dann meine in Darmstadt entstandenen Probearbeiten sah, sagte er spontan und in seiner Art, die keinen Widerspruch zuließ: »Sie müssen sofort bei mir anfangen!« Waren meine Probearbeiten so schrecklich? Oder waren sie so gut? Ich habe seine Meinung darüber nie genauer hinterfragt.

Meine erste Unterrichtsstunde bei Yun war am 11.10.1972, an meinem Geburtstag, zufällig. Ich wurde gerade 23 Jahre alt, Yun war im September 55 Jahre alt geworden. Keiner konnte wissen, dass die Summe unserer Lebensalter das Lebensjahr angibt, indem Yun, 78-jährig, starb. Ich hätte mir damals nicht vorstellen können, dass ich, der ich gerade 23 Jahre lebte, noch einmal die gleiche Zeit leben würde bis zu Yuns Tod, als müsse mein Leben noch einmal ganz von vorn beginnen – was es ab dem 11.10.1972 in gewisser Weise ja auch tat. Es war für mich wirklich wie eine neue Geburt. Sicher sollten solche Zufälle nicht zu sehr mit spekulativen Bedeutungen belegt werden, doch Yun haben solche Zahlenspiele und die sich daraus ergebenden Koinzidenzen und Zahlenharmonien, die er »harmonische Resonanzen im Tao« nannte, wenn sie sich irgendwo zeigten, immer begeistert, und wir konnten Raum und Zeit vergessen, wenn wir darüber sprachen.

Isang Yun war Koreaner. Er war der erste Komponist, der als Asiat in Europa den Durchbruch schaffte und Einfluss auf unsere musikalische Entwicklung nahm. Sicher hatte er nicht den Einfluss, der seiner ungeheuren Arbeit hier angemessen wäre. Für den asiatischen Raum sieht das möglicherweise anders aus, niemand kommt dort an der überragenden Bedeutung Isang Yuns vorbei, und Yun zwingt zur Auseinandersetzung. Es ist sein leidenschaftliches, stark vom Gefühl her bestimmtes Engagement für die Idee der Humanität, das seine HörerInnen ständig herausfordert und viele immer wieder und immer noch schreckt. Vielleicht lässt sich auf Yun anwenden, was Theodor W. Adorno über Alban Berg sagte in seiner Rede zu Bergs Oper »Lulu«: »Keine andere Musik aus unserer Zeit ist so menschlich wie die von Berg, und davor erschrecken die Menschen.«

Die manchmal enervierende Intensität, mit der Isang Yuns Musik unentwegt »appelliert«, mit der sie dicht an uns heranrückt und keinen Augenblick der Ablenkung zulässt, überfordert oft, sie lässt aber fühlen, dass wir dem Humanen zu distanziert, zu kalt gegenüber stehen. Yun opfert selbst stilistische Einheitlichkeit bisweilen seinem starken Ausdruckswillen, seinem Appell an uns, Unrecht wahrzunehmen und diesem Unrecht als »ganze« Menschen entgegenzutreten. Die Erwartungen, die andere an Stil, Ausdruck und Technik seiner Kompositionsweise hatten, ignorierte Yun in solchen Musikstücken völlig, in denen es ihm ums »Menschliche«, um »Humanität« ging.

Yun zeigte in seiner Kunst wie in seinem Leben, dass viel zu tun ist und viel erreicht werden kann, wenn man das »Mensch-Sein« in Politik und Kunst wirklich ernst nimmt und wenn die in diese Aufgabe investierte Kraft nie nachlässt. Das ist eine seiner persönlichsten und wichtigsten Botschaften überhaupt gewesen, Isang Yun sprach immer wieder und sehr ernst davon.

Fast schien es so, als wolle er sein politisches Credo, nämlich die zur Versöhnung zu bringen, die nicht mehr miteinander reden können, auch auf die Wahrnehmung der Musik übertragen. Vielleicht wollte er zeigen, dass da, wo unversöhnliche Standpunkte hart aufeinander stoßen, eine dritte Sicht gefunden werden muss, die zwar beiden Seiten Mühe macht, über die aber Toleranz gelernt und geübt werden kann. Hierin, glaube ich, im Darstellen dieser Idee war Yun konsequent – und er lebte diese Idee auch selbst.

**Darstellung von Brahma aus dem Huchchappaiyya Gudi Tempel in Aihole
in der Provinz Karnataka (7. Jahrhundert).**

Sein musikalischer Stil, besonders der der letzten Jahre, ist auch in diesem Licht zu sehen, und das Unverständnis, auf das Yuns Musik bisweilen – quer durch alle Szenen – traf, ist die Herausforderung an uns heute, die inzwischen schon wieder gewohnten Wege zu verlassen und erneut das Dritte, das Andere zu sehen und dann erlebend zu verstehen. Yun fordert nicht nur den Geist, er fordert auch das Gefühl, das Sich-Einlassen auf die urtümliche Energie, auf die Kraft, die unentwegt in seinen Klangfeiern tobt und strömt.

In den 80er Jahren hatte ich mir selbst jahrelang weitgehende Distanz von Yun und seiner Musik verordnet. Ich hatte große Schwierigkeiten mit der Akzeptanz seiner Symphonien, ja, seines ganzen damaligen Schreibens überhaupt. Doch ich vergesse nie, wie Yun in seinem Konzert zum 75. Geburtstag, das die »Hannoversche Gesellschaft für Neue Musik« im Funkhaus Hannover 1992 veranstaltete, in der Pause auf mich zukam und mit welcher Herzlichkeit er mich beim Wiedersehen begrüßte: jeder, der Yun persönlich kannte, weiß, wie sehr sein Gesicht und seine ganze Körpersprache Herzlichkeit und Freude ausdrücken konnten, und es bewegt mich noch heute, wenn ich an dieses Wiedersehen, einem wichtigen Wendepunkt in meinem Leben, zurückdenke. Ab dem Tag begann wieder eine Annäherung, war ich bereit, von Yun mehr zu akzeptieren, als ich früher wollte. Ich fing an, über Yun »quer« zu denken, und fand und erlebte dabei Erstaunliches: mit mir, mit andern und in den verschiedenen Neue-Musik-Szenen und bei Yun selbst.

Und nun, drei Jahre später, in diesem Jahr 1995, wo Isang Yun von der Schwere seiner Krankheit schon unübersehbar gezeichnet war, begannen wir, bei meinen Besuchen in seiner Berliner Wohnung in angeregten Gesprächen die alten Auseinandersetzungen in sehr großer Freundschaft wieder aufzunehmen. Dieser Neubeginn bleibt für mich unabgeschlossen. Denn sein Tod, der dann doch sehr plötzlich eintrat, brach abrupt diese eben erst beginnende und schöne Entwicklung ab und hinterlässt nun eine spürbare Lücke.

Die Trauermusik, die ich augenblicklich im Auftrag der »Hannoverschen Gesellschaft für Neue Musik« zum Gedenkkonzert für Isang Yun (am 16.1.1996 im Funkhaus Hannover) schreibe, reflektiert all meine persönlichen und musikalischen Begegnungen mit ihm. Ich versuche, diesem Menschen, der Asien und Europa, Menschlichkeit und Musik mit Politik zu verbinden verstand, in meinem Streichtrio (»composition no. 50«) musikalisch noch einmal gegenüberzutreten. Ich versuche, in diesem Stück seine Art des Musikfühlens und Musikdenkens mit meiner eigenen noch einmal zum Dialog zu bringen.

Da ist zum Beispiel das Violoncello, Yuns ureigenstes Instrument, von dem er in manchen seiner Werke sagt, dass es ihn persönlich repräsentiere: das Violoncello wird bei mir im Streichtrio zum Symbol für Yun selbst, dessen eigene Stimme nun unhörbar geworden ist. Andere MusikerInnen und seine Freunde sind es nun, die seine

Botschaft weiter tragen, in meinem Trio sind sie symbolisch vertreten durch Geigen und Bratsche.

Und da ist auch Isang Yuns Zyklus für Violoncello solo, die »Sieben Etüden«, die Walter Grimmer am 17.9.1995 bei Yuns letztem Geburtstagskonzert in Berlin uraufführte und dessen fünftes Stück, ein Lento, auf der koreanischen Trauerfeier für Yun am 26.11.1995 im Schauspielhaus am Gendarmenmarkt wieder erklang: ich habe dieses fünfte Stück in das Zentrum meiner »Trauerarbeit«, meines Streichtrios, gestellt und in der Gesamtkomposition stark verändert eingearbeitet, nur dass es hier nicht von »ihm« also gespielt wird, sondern von andern jetzt, von InterpretInnen, die sich musikalisch auch künftig für Yun einsetzen werden.

Und so, wie Isang Yun in dieser Etüde das Anagramm seines Namens, die Töne es, a und g als Achse der Haupttöne für den Anfang nahm – auch dies ein wieder symbolisches, fast spekulatives Moment seiner Arbeit – so gestaltet diese Tonfolge auch Ablauf und Gliederung meiner Trauermusik. Das Trio endet mit der leeren Quinte a-e. Auf den leeren Saiten der Violine und dem pizzicato gespielten Ton g im Cello. Der Ton a, Yuns Symbol der Vollkommenheit, der Vollendung in seinem Cellokonzert kommt hinzu als ruhendes Flageolett der Viola. Die leere Schlussquinte erinnert hierbei an den Schluss seiner »Symphony No. 5«, deren letzter Gedanke vom Bariton vorgetragen, das Wort »Friede« ist.

Der Friede, der große Völkerfriede und auch der individuelle Friede, der Friede mit uns selbst und innerhalb unserer modernen Gesellschaften ist es, an den Yuns engagiertes und verpflichtendes Gesamtwerk immer wieder erinnern will. Der Komponist Isang Yun will von uns, und er insistiert hier mit seiner ganzen musikalischen Hinterlassenschaft, dass wir die Idee der Humanität, die sich am stärksten und weitesten in Yuns Vorstellung vom Völkerfrieden kristallisiert, ernst nehmen und noch in unserer Lebenszeit mit aller Kraft und Weitsicht Wirklichkeit werden lassen. Das ist sein inniges Vermächtnis an uns, dem er selbst in eigener Person sein ganzes Leben gewidmet hat. Das war seine Arbeit, und wir haben damit zu tun.

Unsere Zeit hat ihm viel zu danken.

6.3 Die kopernikanische Wende. Zum Tode von John Cage

Erstdruck: ZeM Heft Nr. 8, 3/1992

Die diesjährigen Feiern zu John Cages 80. sind überschattet vom völlig unerwarteten Tod des Komponisten. Cage hat seinen Wahlspruch »in welchem Käfig (cage) man sich auch befindet – man soll ihn verlassen«, mit einer unerbittlichen Konsequenz selbst an sich wahrgemacht und verließ, noch bevor die großen angekündigten Ehrungen zu seinem 80. Geburtstag überall begannen, den Käfig seines Körpers und entzog sich damit, wenn auch sicher unfreiwillig, den Aufregungen der Geburtstagsfeiern, die überall auf der Welt für ihn vorbereitet wurden.

Für den in allen Gattungen tätigen Künstler John Cage typisch ist die Idee der Simultaneität: Cage, der selber Komponist, Maler, Literat, Philosoph und anerkannter Pilzkundler in einer Person war, vertrat dieses Prinzip hervorragend nicht nur mit seiner Persönlichkeit. Auch sein Werk und die Werke anderer, die sich von Cage anregen ließen geben Zeugnis von der immer lebendigen Modernität dieser seiner Idee. Ein neues Weltbild, ein anderes Denken über Musik, ja über Kunst allgemein haben wir ihm zu verdanken, und er war es auch, der wirklich einen noch nie zuvor dagewesenen, gänzlich neuen Zeitbegriff, über den der »Gleichzeitigkeit aller Zeiten« hinaus in die Musik einbrachte dadurch, dass er mit Hilfe von Zufallsoperationen, durch das Praktizieren von Zen und durch die Konzeptionierung seiner kompositorischen Arbeit übers chinesische I Ging, das »Buch der Wandlungen«, eine Musik der absoluten Gegenwart hervorbrachte, Musik und Klang frei von menschlichem Wollen, Erinnern, Planen, ja überhaupt frei vom Vergehen der Zeit (Cage benutzt häufig auch keine Takt- und Metrumsangaben) entstehen ließ, eine ganzheitliche Musik, in der Tat.

So hält er in seiner Kunst uns, seinen HörerInnen, ständig eine Spiegelung des Lebens selbst bereit, eines Lebens, in das zufälliges Zusammentreffen, scheinbar Sinnloses und »nicht zu Verstehendes« als täglich erfahrbare Phänomene immer wieder umordnend und, unsere individuelle Existenz bestimmend, eingreifen.

Cage öffnet das musikalische Material so, dass alles, was akustische Zeichen von sich gibt, zu Musik wird: nichts ist mehr getrennt vom Leben, das ganze Leben, mit allen seinen Klängen, auch den zufälligen, den »Geräuschen«, tritt in den Raum des Musikalischen ein, wird als Musik zum ästhetischen Erlebnis, befreit alles in uns, was Schwingung ist oder Bewusstsein, wertet die Kategorie des Spiels auf als eine dem Leben gleichwertige in der Kunst. Und Cage bezieht die Menschen mit ein, die ihm zuhören, er öffnet die Fenster, und nicht nur die des Bewusstseins – er will niemanden ausschließen: an seinen Festen sollen alle teilhaben können.

Cage befreit die Musik, die Spieler, die Hörer, ja er befreit selbst die Zeit. Behutsam, aufmerksam nähert er sich gleichermaßen der Musik wie den Menschen. Seine

Liebenswürdigkeit als Mensch sowie sein für immer unvergessliches, herrliches Lachen stehen im Einklang mit seiner Musik, die eine wahre musica humana, eine Musik
für Menschen, für unsre Eine Welt ist.

Hier erleben wir den John Cage, der keine Herrschaft anerkannte: nicht die der
vorgegebenen Tonhöhen, nicht die der festen Rhythmen, nicht die der Genres, nicht
die der Form und auch nicht die der Zeit und die ihres geordneten Ablaufs, aber auch
nicht die von Menschen über Menschen. Cage, wie er wirklich war: voller Leben, voller Menschlichkeit, vorurteilslos. Offen für alles, allem gegenüber gleich aufmerksam,
alles achtend, was uns umgibt, alles für gleich wert ansehend. Kein Dogmatiker, kein
Doktrinär.

Fast unbemerkt von der zeitgenössischen Musikszene, besonders ignoriert von
der, die sich mit elektronischer oder elektroakustischer Musik befasst, beinahe wie damals bei Kopernikus, ist ein neues Weltbild da. Der Mensch, die Erde sind nicht mehr
im Mittelpunkt, sondern das Andere, Fremde, der Klang, die reine Musik selbst. Und
der Mensch nach Cage betrachtet den Klang, den befreiten und befreienden Klang
als etwas ihm Ebenbürtiges, Selbstständiges. Und ein menschliches, produzierendes
Selbst wird im Prinzip auch nicht einmal nötig zum Hervorbringen von akustischer
Kunst: weder zum Komponieren, denn hier ist oft direkt nur der »Zufall« am Werk
oder ein extremes Höchstmaß an Unbestimmtheit, noch zum Produzieren und Reali-
sieren von akustischen Ereignissen, die ins Musikalische interpretiert werden dadurch,
dass Geräusche der Welt selbst, die durch offene Fenster einströmen oder durch Stille
der Klangreproduktionsebenen ins Hörbewusstsein gehoben werden, in besonderen
Augenblicken der tiefsten Stille gar als die unhörbare »Harmonie des Weltalls«, im
Sinne Keplers, in die Raumzeit unseres Bewusstseins als Musik konzentriert eintreten.

Dieser Wandel im Hören, Sehen, Denken und Wahrnehmen, diese moderne Perspektive ist durchaus mit der Situation nach Kopernikus vergleichbar. Wie damals handelt es sich auch hier um einen Wandel des Bewusstseins, der die physische Stellung
des Menschen im All korrigierend und zeitgemäß beschreibt. Und wie damals wird es
mehr als hundert Jahre brauchen, um diese neue Perspektive, wenn es denn eine ist,
überall zur allgemein gewussten Tatsache von Existenzbedingung zu machen. Denn
Cages Denken geht auch über das der Musik weit hinaus wie das Denken Keplers weit
über die Astronomie hinaus ging. Cage meint auch Leben in seiner Gänze, meint Sinn
und Zusammenhang der ganzen Welt und die Existenz vieler solcher Welten in uns als
Individuen als auch zwischen uns: trennend, verbindend. Und langsam setzt sich diese
Erkenntnis durch, dass in der Musik stellvertretend für die Ganzheit der Lebens(um)
welt eine neue Perspektive gewonnen ist durch Cage, hinter der sinnvoll nicht mehr
zurückgedacht werden kann.

Die Wende in diesem Sinne war 1958 und hieß »Concert for Piano and Orchest-
ra«, einer der größten Skandale, die Cage je hervorgerufen hatte als Komponist. Und

»Schottisches Trio« op. 20, Seite 13.

es folgten weitere ... Doch selbst, nachdem »Fontana Mix« (1958) entstanden war, eine Komposition für elektronische Klänge, tat die Szene der elektronischen Musik weitgehend so, als wenn nichts gewesen wäre und produzierte unverdrossen weiter. Produzierte schöne, geordnete, ein für alle Mal und für alle Zeiten und Ewigkeiten fest-gelegte »(Fest)Musiken«, bevorzugt im technischen Hochglanzformat mit libidinös besetzter High-Tech-Erotik, der promiskuitiv nachgegangen wird. Und es klingerlt und klimperlt als wäre die Welt noch nie untergegangen auf diesem Planeten, und zwar am widerlichsten in den neuen, schamlosen Formen des Ethno-Pop. Und dass John Cage auch einer der ersten Komponisten elektroakustischer oder elektronischer Musik überhaupt ist, wird auch gern vergessen.

Mit andern Worten: die Szene gibt sich inzwischen so wie jene merkwürdigen Komponisten, die in der Mitte dieses Jahrhunderts noch glaubten, nach Kenntnis der Zwölftontechnik dennoch Fugen (und zwar mit dieser Technik) und Sonaten komponieren zu müssen und dachten, das wär noch Kunst.

So sehe ich jetzt auch fast keine Spur von Unbestimmtheit im Gros der Szene für elektronische Musik. Eher im Gegenteil. »Fontana Mix«, die kopernikanische Wende, blieb weitgehend unbeantwortet.

Hat wenigstens die Instrumental- und Vokalmusik der Avantgarde – zumindest zum Teil – bereits auf diese Wende reagiert, ist den Elektronikern zumindest im Denken also um Einiges voraus trotz angeblich »rückständiger«, »traditioneller« Technik und Instrumente, so fehlen weitläufig gesehen ähnliche Reaktionen im Bereich der elektronischen / elektroakustischen (Computer)Musik noch fast völlig: Hier will man immer noch richtige Stücke entwerfen, Ausdruck schaffen, selbst und mit Herzblut bis ins Detail gestalten und einem Material Form, Willen, ja Seele aufzwingen, was es schlicht nicht hat: anstatt Musik sein zu lassen – im doppelten Sinne. Und könnte nicht grade in der Computermusik endlich die Musik zu sich selbst kommen, und uns, den Menschen, aus sich heraus Neues sagen von jener fremden Welt, der Welt der angeblich »toten« Dinge? Auch wenn wir Menschen es sind, die dies in diese Werke hineinhören, dort wiederhören, was in ihnen unsern verwandt ist? Denn die »tote« Materie weiß nichts zu sagen, tatsächlich schweigt sie ohne uns.

Cage hat unmissverständlich unser Jahrhundert daran erinnert, was heute zu beachten wichtig ist: die Umkehr im Denken, die Umkehr im Verhältnis des Menschen zur Umwelt und, speziell für uns, zum Klang ... zu dem, was seit der Antike »musiké« heißt. Fast unbemerkt. Die kopernikanische Wende in der Musik hat bereits stattgefunden.

6.4 Theater um uns

Erstdruck: Neue Zeitschrift für Musik 4/1993, S. 36-39

Vielleicht brauchen wir ja wirklich keine Theater und Opernhäuser mehr, vorbei und längst Geschichte sind die Zeiten, als große politische Umwälzungen direkt vom Theater ausgingen. Doch es scheint gute Gründe zu geben, die Opernhäuser und Theater leben zu lassen – nehmen wir einmal an, sie »leben« tatsächlich –, und es ist hoffentlich nicht nur reine Sentimentalität, Luxus und Anspruchsdenken, dass wir an der Existenz von Theatern festhalten, dazu noch an der Existenz von Musiktheatern. Wenn wir sie also, aller wirtschaftlichen Vernunft zum Trotz, dennoch behalten wollen (und wenn wir sie wollen, können wir sie auch finanzieren, behauptet Hilmar Hoffmann in der Aprilausgabe der NMZ dieses Jahres), wie müssen diese Häuser dann aussehen, welches Theater und vor allem welches Musiktheater brauchen wir jetzt? Unsere Lebenswirklichkeit wird wesentlich, wenn nicht zur Gänze, geformt und geprägt durch die Medien, die in ihrer allgegenwärtigen Vielfalt und ihrer weltumspannenden Informationsarbeit das herstellen, was wir als unsere reale Lebensumwelt erkennen. Hierbei ist das, wodurch die Medien darstellen, körperlos, sie täuschen uns also über die wahren Grundlagen dessen, was Existenz heißt, nämlich über das »mit dem Körper in der Welt sein«, hinweg.

Theater, das diesem Trend folgt und nur bloße Repräsentation von Wirklichkeit sein will anstatt diese Wirklichkeit selbst, begibt sich damit seines ureigensten Mittels, nämlich dessen: hier sind Körper, hier sind reale Menschen, sie können jetzt real leiden, Glück fühlen, sie sind da, mit uns, verletzbar, verwundbar, fehlbar, in derselben realen Welt wie wir, sie sind echt. Theater, das auch in Zukunft seine Existenzberechtigung haben will, muss dieses Eigene offensiv aufgreifen, sonst verliert es unnötig jenen überflüssigen Wettlauf gegen Cyberspace-Kino und HDTV. Wir brauchen das Körpertheater. In den 1960er Jahren entstanden in diesem Bereich Gruppen und experimentelle Theaterformen weltweit. Mühl, Nitsch, das »Theatron Erotikon«, der New Yorker Skandal um Lennox Raphaels »Che!« 1969 und andres füllten die Schlagzeilen der Feuilletons. Auch dass Bussottis »La Passion selon Sade« 1966 entstand, ist sicher kein Zufall. Und gerade bei Bussotti handelt es sich um eine totale Theaterform, und um eine, bei der die Musik dominiert. Theater hat die Möglichkeit und muss: die Wirklichkeit neuschaffen, welche sich unsrer von vorwiegend elektronischen Medien geprägten Umgebung entgegenstellt, es muss den indirekten Medien (sie sind Mittler, stehen vermittelnd zwischen Sender und Empfänger) die direkte Wirkung entgegenhalten. Die Körper der Darstellenden und direkte Attacken auf die Körper der Zuschauenden dürfen keine Tabus sein, Scham und Moral müssen beim Theater, uraltem, antikem Vorbild folgend, grundsätzlich aufgehoben werden.

Das Theater muss zum Frei-Raum werden, Leben auszuprobieren, wie Cage es für die Kunst generell forderte, und um Leben, Körperumgang wieder begreifbar zu machen. Körpertheater wird so zur schöpferischen Antwort auf Cyberspace, Videoclip und Virtual Reality. Es ist sooft von der angeblichen Sackgasse der Serialität die Rede gewesen, auf die letzthin die Postmoderne geantwortet habe. Auch die elektroakustische Kunst, einst hoffnungsvollster Zweig der im 20. Jahrhundert entstandenen neuen Musik, entwickelte sich lieber im Burgfrieden der seriellen Richtung. Zuwenig hat in der Zeit, die auf den strengen Serialismus folgte, die Fluxus-Bewegung bewirkt, durchaus die fortschrittlichere, weil dem Menschen nützlichere Alternative zur zeugungsschwachen Postmoderne. Fluxus ist zukunftsorientiert und experimentell, vermittelt künstlerisch Gegenwart und Körperpräsenz, Werte also, die wir zu verlieren drohen, und damit Werte, welche nicht nur die elektroakustische Kunst, sondern vor allem das moderne Musiktheater hätten befruchten müssen: ein Musiktheater, das inzwischen jedenfalls lieber postmodern und medienwirksam in Literaturoper und ähnlichen neuen Kleidern wie ein eitler Kaiser schwelgt. In Fluxus liegen aber gerade die Anteile, mit denen Musiktheater sein Eigenes, auch die Haut, zu Markte tragen und damit die nur scheinbar vorhandene Konkurrenz vampiristischer Lebenskraft aus den Grüften der elektronischen Medien souverän um Körper-Längen schlagen kann. Dass ein solches Theater, das im weitesten Sinne wohl auch erotisches Theater wäre, tatsächlich zweifellos attraktiver und damit vielleicht auch weniger subventionsbedürftig wäre als die alte Oper, hat schon Anna Moffo, immerhin einmal Primadonna der Mailänder Scala, in einem Stern-Interview 1969 vermutet: »Ich bin sicher, dass sich auch die Singbühne mit etwas Sex beleben lässt. Es gibt genug Opernrollen, die einen Striptease erfordern. Ich würde wirklich alle Schleier fallen lassen. Man liebt sich nicht im Kleid.« Doch es geht mir hier nicht um eine vordergründige voyeuristische »Belebung« der Singbühne, ich rede hier auch nicht über die spektakulären erotischen Inszenierungen von Prokofjews »Der feurige Engel« 1969 in Frankfurt und Pendereckis »Die Teufel von Loudun« an der Württembergischen Staatsoper in Stuttgart 1969: zweifellos gehen diese Inszenierungen in die richtige Richtung, aber sie gehen nicht weit genug, sie verbleiben im distanziert Voyeuristischen. Mir geht es hier um viel mehr: um die Ver-Körperung des modernen Musiktheaters aus seinem innersten Organisationskonzept heraus, das so zum experimentellen Theater avanciert.

Nun ist dies an den momentan dominierenden Musikbühnen unsrer Republik so einfach nicht möglich. Hier bieten sich Alternativen, erfreulicherweise, an einigen Lehranstalten unsres Landes im immer wieder ermutigenden Umkreis studentischer Aktivitäten. So habe ich gemeinsam mit meinen StudentInnen aus unserm eigenen Lebensbereich heraus an der Universität Bremen 1984 die Performancegruppe »ganZeit« gegründet, die fünf Jahre lang in Bremen und Umgebung auf öffentlichen Plätzen und in geschlossenen Räumen mit großer und positiver Publikumsresonanz experimentelles KlangKörperTheater machte, weg vom subventionierten Guckkasten, mitten unterm Publikum, oft in Körperkontakt mit den Zuschauenden. Besonders zu großen Jubiläen, wo wir mit unserm KlangKörperTheater eingeladen waren, hat »ganZeit« deutlich Übernahmen des erotischen Theaters vollzogen und die Ferne der Jahrhunderte durch Körper-Gegenwart überbrückt, wie zum Beispiel beim 1200-jährigen Domjubiläum in Bremen 1987 (mit Musik von Hespos und Otte), bei dem über 3000 Menschen auf dem Domshof zusahen, zuhörten, mitfühlten, oder zum 100-jährigen Jubiläum der Künstlerkolonie Worpswede 1989, wo wir unser Stück »Göttinnenspeise« präsentierten. Die lokale Presse beschrieb am 28.2.89 jenes Stück so: »In einer lachsroten Speise liegt der entblößte Körper einer Frau – aufgebahrt und von zwei Akteuren im Adamskostüm umgeben, die mit den Händen nach Körper oder Götterspeise greifen und ihre Form des Liebkosens betreiben. Den Schlussakt des Spektakels bildet das Heraustragen der – mittlerweile bekleideten – Göttin vor das Haus, wo wenig später nur noch ein brennender Scheiterhaufen zu sehen ist.« Unsere Musik dazu bestand aus einer Mischung von tierischen Lauten, dem monotonen Verlesen von anonymen Kontaktanzeigen und dumpfen Klängen von Rohren, Gongs und Eisen, die aus einem halligen Raum unter den Füßen des Publikums kamen. Ich wünsche mir aufgrund dieser Erfahrungen im modernen Musiktheater mehr Genet- und Arrabal-Rezeption, keine Vertonungen, also in einem geradezu panisch erotisierten Klima bizarre Wirklichkeitsspiegelung und Doppelspiegelung, wie sie besonders in Genets »Les nègres« geschieht oder auch, anders überzeugend, in »Le balcon«. Und ich wünsche mir mehr Theater, das die meist takt-vollen starren Zeitabläufe, die Zeit-Fremdherrschaft, ersetzt durch mehr »concept-art«, vielleicht wie bei Heiner Goebbels Frankfurter Projekt von 1993 (übrigens auch ein Komponist, der laut Frankfurter Rundschau vom 1.4.1993 Theater macht für »Leute, die lieber ins Kino gehen«). Mir imponieren mutige Musiktheaterstücke wie die »Nachtvorstellung« von Hespos in ihrer tabufreien, unzensierten Körpersprache oder »Neither« von Feldman, das, ganz stilles Theater, jeden Einzelnen im Publikum unausweichlich mit seiner eigenen existentiellen Angst und Einsamkeit körperlich spürbar konfrontiert.

Die Opernhäuser, gerade die großen und etablierten, müssen sich konsequenter und ernsthaft öffnen für Aktivitäten von freien Gruppen, von denen oft Erstaunliches und wirklich heute Wichtiges geleistet wird. Sie sollen sich anregen lassen und diese Gruppen kontinuierlich über die Spielzeit verteilt einladen. Gerade die großen hoch subventionierten Häuser müssen urbane Experimentierstationen in der kulturellen Großlandschaft ihrer Region werden. Wenn aber das von mir favorisierte Körperwirklichkeitskonzept chancenlos sein sollte, warum dann aber nicht entschieden offen und konsequent die Gegenrichtung wählen, provozierend kompromisslos, als weiter die opportunistische Scheinehe aus Operntradition und postmoderner Musik zu Tode zu pflegen, mit der heute immer noch alte Oper sich jung gibt. Solche Oper ist wirklich im musealen Guckkasten herkömmlicher Art schöner mit der originalen alten Musik aus dem 19. Jahrhundert. Was im traditionellen Spielplanbetrieb eher falsch ist, sind die nicht immer ehrlichen und oft bemühten Aktualisierungen der Inszenierung klassischer Opernwerke: wenn man sein Publikum für intelligent genug hält, einem musikdramatischen Zusammenhang überhaupt folgen zu können, sollte man ihm auch zutrauen, aktuelle Bezüge, selbst in einer historisch orientierten Inszenierung, wiederzuerkennen. Die geradezu wütende Lust heutiger Regisseure, alles wie im Rausch auf unsre Gegenwart zu beziehen, sollte konsequenter darin münden, wirklich neue Musiktheaterwerke in Auftrag zu geben und diese in der Tat dann mit dem gebotenen revolutionären Elan ins musikalische Totaltheater umzusetzen.

Paradox ist aber leider auch, dass heute immer öfter neue Opernwerke wieder inszeniert werden wie Oper im 19. Jahrhundert inszeniert werden wollte, zum Teil unter der fast naiven Mitwirkung der betroffenen KomponistInnen selbst: dies zeigt das aktuelle Ausmaß der ästhetischen Verunsicherung und der inneren Verbiegungen, die für unsere gegenwärtige Musikkultur so typisch sind und von mangelnder Reflexion übers heute tatsächlich Wirkliche, Wirksame und Wichtige zeugen. Das sich verlierende Gefühl für die eigene Körperlichkeit und die der andern um uns kann heute unschwer Folgen haben wie die, welche wir beim Golfkrieg erlebten, wo fast alle Welt der Medienillusion aufsaß, es handle sich beim Golfkrieg um einen blitzsauberen Edelkrieg mit der klinischen und moralischen Reinheit eines chirurgischen Eingriffs in menschliches Leben jenseits unserer zivilisatorischen Trutzburgen. Das Gegenteil war die Wirklichkeit. Der Rest war Theater. Wichtig für uns heute ist die vorhin beschriebene Art nachmoderner und neuromantisch heimwehkranker Oper sicher nicht, denn schon CNN und Kino können, wir wissen es, mehr. Das elektroakustische Theater wäre dann die entschiedene und, wie ich meine, auch überzeugendere Gegenlösung, wenn schon kein totales Körpertheater da ist: statt Ver-Wirklichung der Außenräume im KlangKörperTheater hier das Hör- und Sichtbarmachen der Innenräume, des menschlichen Bewusstseins und seiner inneren Prozesse selbst. Ein Theater ohne physisch vorhandene DarstellerInnen, MedienTheater ohne Handlung, nur virtuelle Räume, virtuelle Gestalten und deren atemberaubende, an erlebte Traumsequenzen erinnernde Verwandlungen bei geöffneter Szene, Verwandlungen, die mit Virtual-Reality-Konzepten und inspiriert durch Cyberspace möglich sind, klanglich verbunden mit elektroakustischer Kunst. Das kann der Präsentation elektronischer neuer Musik im Nebeneffekt wichtige Impulse geben, deren Aufführungsproblem ohnehin auch jenes ist, dass bei Konzerten ausübende MusikerInnen selten zu sehen sind, statt dessen meist Lautsprecher und futuristisch anmutende digitale Mischmaschinen mit geschäftig blinkenden Gerätetürmen auf allen Seiten, was das Auditorium immer noch zu irritieren scheint und schon mal als Makel gesehen wird. Diese Musik ist aber schier unendlich gestaltbar, ist in der Lage, Hörräume und Klangbewegung darin nahezu perfekt zu simulieren, ist fähig, beinah jede Stimmung dieses inneren Vorstellungs- und Erlebnisraums, abstrakt, ohne Konventionsklischees, aufs feinste zu gestalten und hat heute in den Bildmedien ebenso starke wie auch der Abstraktion fähige Mitstreiter. Nur wird dieses Theater an unserm erkennbar wachsenden Wirklichkeitsdefizit nichts ändern, im ungünstigen Falle sogar noch mehr zur Flucht vor der Körperwirkung verführen, zur Flucht vor einer Wirklichkeit, die wir per Reality-TV und Cyberspace-Spielhöllen weitab von unsrer Zivilisation wähnen und so als besonderen und neuen Sinnesreiz regelrecht genießen. Befruchtung des Musiktheaters durch Fluxus-Happening und Körpertheater, und statt geistiger Fernflüge in ewig unerfüllte Sehnsuchtswelten die Nähe zum eignen und andern Körper erleben, das ist meine Utopie, das ist es, was ein modernes Musiktheater (das immer schon Sinnentheater war) unserm heutigen Leben, nach meinen Vorstellungen, wirklich an Neuem geben kann und was es uns letztlich moralisch auch schuldet: Theater um uns! – Fassen wirs an.

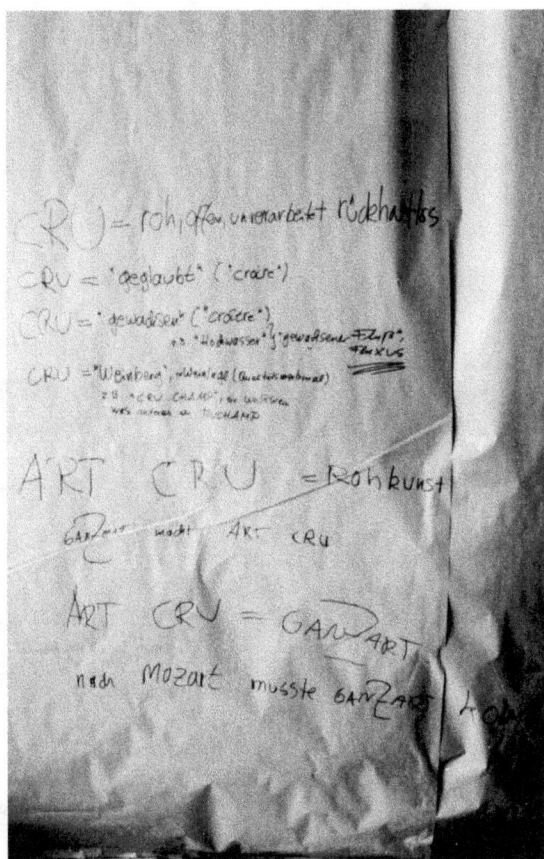

Relikt einer Performance von »ganZeit«.

6.5 Grenzräume – Grenzzeiten – Übergänge

Vortrag, Manuskript von 2004

Ich bewege mich gerne in Grenzräumen, Zwischenbezirken, arbeite in und an Übergängen aller Art. Manchmal zeigt sich das ganz äußerlich in meinem Engagement für schöpferisch-musikalische Arbeit mit Kindern, Schulen oder Publikum, das noch nicht vertraut ist mit den neuen Künsten. So lassen sich meine Tätigkeiten als Dozent in den »Response«-Projekten in Frankfurt oder in Bremen, ebenso auch in »ambi«, das ich in Bremerhaven mit engagierten Lehrern habe ins Leben rufen können, meiner kompositorischen Arbeit zuordnen, da ich beeinflusst von Joseph Beuys und John

Cage in einem erweiterten Kunstbegriff Komponieren eben nicht nur als das Schreiben von Noten verstehe. Das Gleiche gilt auch für meine Musiktheaterprojekte mit Schulen (wie »Kassandra-Skizzen«) und die Auftritte mit meinen StudentInnen in unserer Performancegruppe »ganZeit« (1985-1989).

Für mich ist Kunst und damit auch Musik der Grenzraum zwischen Wildnis und Zivilisation, zwischen Chaos und Ordnung. Kunst spiegelt unser Dasein zwischen Tod und Leben. In meiner kompositorischen Arbeit drückt sich dies zwischen den Polen strenger Konstruktion und Spontaneität, zwischen freier intuitiver Gestaltung und strukturellem Arbeiten aus. Was mich interessiert, sind also die Übergänge zwischen diesen existentiellen Extremen. In diesem Sinne hat der Begriff der Stille als der des Übergangs schlechthin schon von Anfang an in meinem Schaffen eine zentrale Rolle gespielt: mein erstes, der Öffentlichkeit präsentiertes Werk, das Stück »Klaviersolo« von 1972 dauert nur eine Minute und entwickelt sich von einem turbulenten Anfang her zum Höhepunkt hin, der in einer ausgedehnten Generalpause, in absoluter Stille, besteht. Natürlich habe ich auch aus diesem Grunde einen Lehrer wie Isang Yun gewählt, damals, in Berlin, da mich das asiatische Konzept von Stille schon früh sehr fasziniert und als Ausdrucksmittel für die heutige Zeit überzeugt hatte, einer Zeit, in der zu viel Information jeder Art in zu kurzer Zeit zu aufdringlich auf uns einströmt und es vielen schwer fällt, dagegen noch eine eigene Identität zu bewahren. Die Stille ist für mich auch ein Grenzraum, dessen Gestaltung mir als Komponist obliegt.

Mit diesem Grenzraum assoziiere ich einen Raum, in dem das Individuum als solches fast nicht mehr zu existieren scheint: einen Bereich ohne bewussten Sinneseindruck, ohne Erfahrung, Hoffnung und Befürchtung. Das optische Pendant, das damit oft verbunden wird, ist das der Dunkelheit, der Schwärze, im Hörbereich ist es das der Lautlosigkeit, der Stille. Für mich bedeutet Stille einen Grenzfall von Musik, der auf das Sinnbild des Todes hinweist. Das ist der Punkt, wo die Musik zu sterben scheint, wo sie nicht mehr da ist. Wenn unser bewusstes biologisches Leben aufhört, sind wir körperlich nicht mehr da, wir klingen nicht mehr, es schwingt keine Saite mehr.

In der Musik, beispielsweise in meinem »grenzraum 2« für Gitarre solo, ist die Stille letztendlich nicht absolut, sondern man erinnert sich des vorausgegangenen musikalischen Ereignisses. Insofern ist auch der Tod für mich letztendlich keine endgültige Stille, denn die Verstorbenen existieren weiter in der Erinnerung der Menschen, die sie gekannt haben. Wenn man das transzendent sehen will, wie die Gnostiker und Mystiker des Mittelalters, kann man sagen, dass die Menschheit in der Erinnerung Gottes ewig weiterlebt. Die Stille ist in meiner Musik somit auch als Existenz von Erinnerung zu verstehen, als etwas geistig substanziell Bleibendes. Sie vermag dem Tod und der Vergänglichkeit dadurch zu widerstehen, dass sie Teil oder Spiegelung der unvergänglichen Harmonie des Kosmos ist. Ich ziele als Komponist auf eine Bewusstseinserweiterung beim Hörer.

2017

7. ... über Erwin Koch-Raphael

Lynda Anne Cortis, Cellistin

Vor nicht allzu langer Zeit spielte ich im Rahmen eines Konzertes des Ensemble New Babylon in Bremen die Uraufführung des für mich geschriebenen und mir gewidmeten Werkes »composition no. 75 (le son du lac)« für Violoncello von Erwin Koch-Raphael. Dieses Ereignis war für mich nicht nur eine wesentliche Erfahrung, sondern auch eine große Ehre. Umso mehr, weil ein für mich wichtig gewordener Mensch und Künstler mir diese Komposition persönlich gewidmet hat.

Schon vor mehreren Jahren, als ich Erwin im Analyseseminar »Analyse und Literaturkunde Neuer Musik« an der HfK Bremen als Dozent kennenlernte, gefiel mir seine Art, über Musik, die Welt und die Menschen nachzudenken, sehr. Erkenntnisse der Naturwissenschaften, Philosophie, Psychologie und Spiritualität flossen bei ihm immer ein. Es ging ihm nicht nur um das Auflisten von Fakten oder um die korrekte Analyse der vor uns liegenden Partitur. Ihm ging es immer um mehr: um das, was zwischen den Zeilen steht. Um die Verbindung zwischen den Punkten auf dem Papier und dem Komponisten als Menschen, um den ganzheitlichen Kontakt des Interpreten mit dem Instrument, mit Klang, mit Geräuschen und Farben. Immer inspirierte er uns, über den Tellerrand hinaus zu schauen und verwickelte uns in sehr anregende Diskussionen über unsere Eindrücke des Werkes. Dabei gab es nie ein »Richtig« und »Falsch«. Er hörte allen aufrichtig zu und begegnete uns auf Augenhöhe, von Mensch zu Mensch. Ich besuchte dieses Seminar so gerne, dass ich es in den folgenden Semestern immer wieder belegte.

Erst später kam ich auch mit Erwin als Komponisten in Kontakt. Ich spielte sein Werk »The mirror of love« op. 9 für Violoncello solo. Nicht ohne Grund sagte mir meine Intuition, dass ich die Verbindung mit Erwin aufrecht erhalten wollte. Ich war sehr gespannt, wie seine Musik auf mich beim Spielen wirken würde. Schon der Titel des Werkes sprach mich an. Da ich mich schon eine Weile mit der Interpretation und mit Techniken in der zeitgenössischen Musik beschäftigt habe, empfinde ich Erwins Umgang mit dem Einsatz von ungewöhnlichen Spielweisen und Anweisungen immer als ein Mittel, seine innerste Vorstellung von Klang und Gefühl auf mehreren Ebenen wiederzugeben. Das betrifft verschiedene Arten des Pizzicato-Spiels, Varianten des sul ponticello, den Einsatz der Stimme und der Sprache, um nur ein paar Beispiele zu nennen. Nie aber geht es ihm um den Effekt als Selbstzweck. Die Auswahl des Tonmaterials, jede Phrasierung, die Form als Ganzes setzt er sehr bewusst. Bei den Begegnungen mit ihm zum Einstudieren von »composition no. 75 (le son du lac)« erlebte ich sein Bestreben, nie den Kontakt zu Interpretin und Mensch zu verlieren. Am Ende seines Werkkommentars zu diesem Opus schreibt Ana Qonda: »Es sind sieben

Blicke, die uns alle angehen. Sieben Blicke auf uns selbst.« Dieses Zitat veranschaulicht für mich sehr gut, dass sich für Erwin beim Komponieren der Blick nach innen und außen verbindet, um sich, seine Umwelt und die Welt im Allgemeinen zu verstehen und dies in seiner Tonsprache zu äußern. Dabei hinterfragt er sich selbst kritisch und befindet sich auf ständiger Suche.

Während für viele der Kampf um Status, Virtuosität, nie Dagewesenes, Schneller-Weiter-Höher im Vordergrund steht, besinnt Erwin sich auf die für ihn wichtigen und wesentlichen Elemente des künstlerischen Arbeitens. Das bestärkt mich in meinem eigenen Ideal für mein musikalisches Leben.

Hans-Joachim Hespos, Komponist

grußbotschaft an erwin koch-raphael anläßlich seiner verabschiedung aus dem bremer hochschuldienst.

zur feierlichkeit ›1200 jahre kirche in bremen 1987‹, lieber erwin, haben wir damals auf dem abendlichen domshof einen fellinesken laufsteg bereitet für tänzer, musikanten, clowns und narren bis hin zu priestern, bürgermeistern und bischöfen aus dem in- und ausland, der sie durch eine dicht gedrängte bürgermenge vorbeiführte an den gewaltigen aufklängen riesiger stahlbleche, an einem aufheulenden wesen, das auf hochmassivem schafottblock gefesselt schien, hin zu sich weit öffnenden domtoren, wo die festliche gesellschaft unter einsetzendem glockgeläut in lichthelle und orgelklang im inneren des bremer domes verschwand.

dieser festzug möge Dir jetzt in der feierstunde als reale erinnerung nochmals aufscheinen als mein gruß für Deinen abschied zum weitermachen.

aus ferner nähe sehr herzlich

Dein

h e s p o s

Adriana Hölszky, Komponistin und Pianistin

Ich kenne Erwin Koch-Raphael seit fast 40 Jahren. Unsere Wege trafen sich gelegentlich bei Aufführungsmomenten wie zum Beispiel in Donaueschingen. Das erste Mal traf ich ihn in Hilchenbach.

Erwin Koch-Raphael besitzt eine starke künstlerische Persönlichkeit mit ausgeprägtem Klangsinn und Phantasie. Ein hoher Grad an Offenheit den anderen Künsten und Wissenschaften gegenüber begleiten seine Visionen und Konzepte. Ich schätze sehr seine Professionalität, Zuverlässigkeit und Kreativität.

Bezeichnend für seine komplexe Persönlichkeit ist die Verbindung von kompositorischer, werkanalytischer und musiktheoretischer Schärfe und Brillanz, die er auch in seiner Lehrtätigkeit mit jungen Studenten mit großem Erfolg einsetzen konnte. Seine kollegiale Art sowie seine unkomplizierte freundliche Wesensart sind Merkmale, die in der Arbeit mit Komponisten und Interpreten fruchtbar und erfrischend sind. Sein Engagement und Teamgeist haben mich beeindruckt.

Sehr wichtig ist ihm die Arbeit mit den Interpreten seiner Aufführungen. Die Probenarbeit mit ihm überzeugt immer durch große Genauigkeit und stellt einen profunden Zugang zu musikalischen Zusammenhängen und Vorstellungsvermögen unter Beweis. Die minutiös erarbeiteten Partituren seiner Kompositionen öffnen neue Hörperspektiven und deuten auf eine zielgerichtete Fokussierung auf das Strukturelle hin, ohne jedoch abstrakt zu wirken.

Zwei Aspekte seiner Arbeit scheinen mir relevant: die Spannung zwischen Konzept und Unvorhersehbarkeit sowie zwischen Detail und Ganzem.

Bernhard Kontarsky, Dirigent und Pianist

Es war im November 1980. Ich hatte die Gelegenheit, in Kiel die Uraufführung von Erwin Koch-Raphaels erstem Cellokonzert zu dirigieren und ich erinnere mich lebhaft daran, wie sehr ich von der Vielschichtigkeit der Partitur und dem ganz persönlichen Ausdruck dieser Musik fasziniert war.

Hubert Moßburger, Musiktheoretiker

Was wird aus einem, der seine Jugend auf dem Ast eines Baums verbringt, da oben liest, dichtet, denkt und Musik hört, während sich die Altersgenossen auf dem Boden balgen, Bälle treten, Liegestütze machen, sich auf die Schwerkraft des Lebens vorbereiten? Ich weiß nicht, ob sie auch an seinem Ast gesägt haben, aber es war sicher nicht notwendig. Ich kenne nur das spätere Ergebnis: den Menschen, der nicht nur im Kosmos seiner proportionierten und poetischen Klangkombinationen schwebt, sondern auch auf dem Boden Haltung bewahrt. Als Kollege, der streng ordnet, aber freigeistig bleibt und gegen akademische Kakophonien kämpft, als außermusikalischer Zuhörer und Beziehungsberater, der vor unbequemen Wahrheiten nicht zurückschreckt und als grandioser Wortspieler, der sich nicht scheut, zur Karfreitagsentzauberung das Wort »Parsiphallatio«[71] in den Mund zu nehmen.

Auf dem Schutzumschlag des vorliegenden Bandes sehe ich den Ausschnitt einer Birke aufragen. Ist es deren Stamm, ist es ein Ast? Oder ein abgebrochener Ast, der mit dem aufgesplitterten Ende zu Boden stürzte und eigene Wurzeln schlug? Ich glaube, Erwin sitzt noch immer auf dem Ast, hat sich da oben über die Jahre hinweg gut gehalten und ist zugleich Stamm geworden, der weit verzweigt und vielfach verästelt sich selber trägt und immer Neues hervorbringt.

Ulrich Mückenberger, Rechts- und Politikwissenschaftler

Ein Meister des Übergangs ...

Kennengelernt habe ich Erwin Koch-Raphael im Jahr 1990, als ich noch bei »Lauter Blech« spielte: Hanne Balzer, unsere Tubistin, meinte, Erwin und ich müssten uns kennenlernen. Ich hatte gerade als Rechtswissenschaftler ein Jahr an der Europa-Universität in Florenz verbracht, mich zugleich an der dortigen Musikhochschule eingeschrieben und als Abschlusskonzert der Kammermusikklasse in der Villa Schifanoia in Ferrara die beiden späten Meisterwerke für Klarinette von Brahms, das »Trio op. 114« und das »Quintett op. 115«, aufgeführt. Die Mitmusikanten des Trios lud ich nach Bremen ein, um im Dom und in der Arbeitnehmerkammer neben dem Brahms-Trio zwei weitere Werke in dieser Besetzung vorzutragen. Zu dem Konzert in der Arbeitnehmerkammer lud Hanne Erwin ein – und er kam.

Ich weiß nicht, was Hanne Erwin von mir erzählt hatte. Mir hatte sie von ihm erzählt, dass er an politischen Intellektuellen, die ungewöhnliche musikalische Projekte wie »Lauter Blech« aufziehen, interessiert sei. Meine Rolle als Quereinsteiger in der klassischen und zeitgenössischen Musik mag eine Rolle gespielt haben. Mich hatte die Zugänglichkeit des professionellen Komponisten für ästhetisch-politische Experimente und Grenzüberschreitungen interessiert, die Nicht-Profis (wie mich) durchaus einschloss. Wir verstanden uns, und klar war sofort, dass wir »etwas zusammen machen« würden. Daraus hat sich eine Reihe von Projekten entwickelt, in deren Verlauf mir vergönnt war, fünf oder sechs Werke von Erwin Koch-Raphael zur Uraufführung zu bringen – zuerst das Trio »composition no. 42« (1991), das ich mit Maureen Turquet (Klavier) und Vasile Comsa (Violoncello) am Konservatorium in Nantes uraufführte, zuletzt das Singspiel »Das Große Rennen« für Solisten, Chor, Bassflöte, Didgeridoo und Schlagzeug (Text von Jan Philipp Reemtsma, Musik von Erwin Koch-Raphael), das am 10. Juli 2015 von der Bremer Oberschule an der Hermannsburg mit Werner Vaudlet aufgeführt wurde und an dem neben Mihai Zamfir (Tenor) und Christoph Heinrich (Bariton) ich als Bassklarinettist mitwirkte. Kaum etwas ist gegensätzlicher als diese beiden Werke – und doch sind sie in dieser Gegensätzlichkeit charakteristisch für Erwin Koch-Raphael. Das Trio ist ruhig. Es beschreibt eine Lebenslinie an einem Wendepunkt (die Werknummer, 42, bezeichnete auch das Alter des Komponisten). Fast esoterisch wirken freitonale Linien und Ausbrüche im ziselierten Zusammenspiel der drei Instrumentalisten. Eine Zuhörerin der Uraufführung in Nantes sagte mir danach, sie habe sich wie auf einem Gang durch einen Wald empfunden, mit knisternden Zweigen, abrupten Windstößen und wieder Ruhe. Dagegen das Singspiel: ein lautes Aufeinandertreffen von Raufbolden und »Fans« im Schülerchor, eine durchaus politische Auseinandersetzung mit dem Konkurrenzprinzip in dieser Gesellschaft (»wer das schnellste Tier wohl sei, wollen alle Tiere wissen«) und einem Nashorn, das sich ihm verweigert. Dazwischen auskomponierte Gesänge, freitonale Soli für Bassklarinette und für Didgeridoo. Mittendrin Profis des Opernhauses – daran stört sich niemand! Überhaupt nicht esoterisch – aber voller Engagement, Beteiligung und Begeisterung.

Eines der Projekte war buchstäblich »grenzüberschreitend«: der »Engel der Zeit«. Dritter im Bunde war Peter Beier, der fast alle unsere Projekte mit inspirierte, organisierte und für ihre Finanzierung sorgte. Erwins Rolle war eher konzeptionell, mit einer kleinen kompositorischen »Zutat«. Wir alle drei waren beeindruckt von Walter Benjamins Thesen zur Geschichte, die Paul Klees »Angelus Novus« nachbildeten, vor dem sich die Trümmer der Geschichte aufhäufen. Diesem pessimistischen Bild von Endzeit stellten wir das eher optimistische aus der »Offenbarung des Johannes« gegenüber. Dort tritt der Engel des Herrn auf, verkündet das Ende der Zeit und leitet die durchaus nicht katastrophische Ewigkeit ein. Das beeindruckendste Tondokument dieser Endzeit-Vision ist Olivier Messiaens »Quatuor pour la fin du temps«: in deutscher Kriegsgefangenschaft im Stalag VIII A im polnischen Teil von Görlitz im Winter 1940/41 komponiert und uraufgeführt (Violine, Klarinette, Violoncello, Klavier). Eines Sonntagmittags der 1990er Jahre überredeten Erwin und Peter mich bei einem asiatischen Mittagessen, in dem Vorhaben »Der Engel der Zeit« das Quartett aufzuführen. Zitate aus Benjamins Text wurden von Erwin mit einer Improvisationsvorlage für Klarinette solo interpretiert. Das Projekt überstieg an Schwierigkeit alles, was ich bislang gespielt hatte – ich nahm ein Jahr erneut Unterricht dafür beim Soloklarinettisten der Bremer Philharmoniker. Zum Glück für mich hat Erwin Juliane Busse (Klavier), Karsten Dehning (Violoncello) und Oscar Yatco (Violine) für das Vorhaben begeistert – ohne deren professionelle Fertigkeit wäre es gescheitert. Schauspieler der »bremer shakespeare company« übernahmen die Rezitationsaufgaben. Dieses aufwändige Vorhaben wanderte dann: uraufgeführt im Bremer Theater am Leibnizplatz wurde es in Port Bou, direkt bei dem Dani Karavanschen Denkmal für Walter Benjamin, und in Barcelona, in Umbrien bei einem Nachhaltigkeits-Festival und in Görlitz, am Ort der Komposition, aufgeführt. Der »Engel der Zeit« war ein Projekt, das ohne Erwin Koch-Raphael nicht hätte ausgedacht und realisiert werden können.

Erwin Koch-Raphael ist ein Meister des Zwischenraumes, der Übergänge. Er bringt Ästhetik, Philosophie und Politik zusammen. Er bringt engagierte »Laien« (deren Expertise er wohl zu schätzen weiß) und »Professionelle« (deren déformation professionelle er ebenso kennt) zusammen. Seine Komposition ist Interaktion – Interaktion zwischen Notenschrift und Lebenserfahrung und -reflexion, zwischen Musik-Schreibenden und -Aufführenden, zwischen Musik-Machenden und -Hörenden. Diese interaktiven Übergänge erzeugen Widersprüche, aber auch Synthesen. Sie erzeugen, was man im komplexen Sinne »Gemeinsinn« nennen kann.

Jan Müller-Wieland, Komponist und Dirigent

Es gibt diesen Klavierzyklus (»Septembertage op. 31«) aus der zweiten Hälfte der 1980er Jahre. Entstanden an jeweils einem Septembertag. Ein Tagebuch. Ein Nacht-buch. Ein Spätsommerstück. Transparent. Lichtspielartig. Von Träumen durchweht. Kaum eine Musik trifft so den September wie dieses Stück von Erwin.

Klaus Obermeyer, Psychologe

Erwin Koch-Raphaels Musik ist mir – als musiktheoretisch unbelecktem aber pas-sioniertem Hörer – so wertvoll, da sie mir direkt zu Herzen geht. Der Komponist vermittelt eine Klangwelt von großer Sinnlichkeit und Körperlichkeit. Sie berührt alle Sinne. Die Verwobenheit musikalischer Erfahrung mit der Resonanz des ganzen Kör-pers ist ein Daseinsmodus, in dem ich mich mit Erwin verbunden fühle. Wir beide schätzten und schätzen die Wucht des Punk und die unter die Haut gehende Kraft der großen Kirchenorgeln. Tatsächlich scheint es eine Verbindung zu geben von der gleißenden Vitalität des Punk, der transzendenten Körperlichkeit der Orgelwerke Messiaens zur Unmittelbarkeit der »composition no. 59 (El sueño del caballero)«, der stürmischen See in »La mer est ton miroir« op. 24 oder der schwindelerregenden Tur-bulenz im zweiten Teil des Amy Winehouse-Trios »composition no. 74 (I told you)«.

Erwin ist in all seiner überschäumenden Kreativität ein bodenständiger Künstler. Seine Musik erzählt von der Welt in der wir leben und deren schmerzlicher Unvoll-kommenheit. Die Angst vor unserem existenziellen Unbeschützt-Sein ist in Erwins Werk kaum verborgen oder abgewehrt. Der Komponist nimmt Anteil am Leben auch in seiner schmerzlichen Gestalt. Seine Musik legt Finger in existenzielle Wunden. Ihr Schöpfer – das vermittelt sich unabweisbar – nimmt täglich Anteil am Leben in seiner Ganzheit und schlägt uns vor, ihm darin zu folgen, wach zu sein.

Den Mut dazu können wir aus Erwins Spiel mit den Spielarten gewinnen. Es verbleiben immer unendlich (?) viele Möglichkeiten. Ich kann mich da ganz hörend reinstürzen – im vollen Vertrauen auf eine Fortsetzung des Weges im Labyrinth. Die Struktur – zu der Erwin immer Verbindung zu halten scheint – ist mir Haltepunkt, um mich der schäumenden Vielfalt und Potenzialität des lebendigen Prozesses überhaupt annähern zu können. Das Interstellare ist zum Beispiel im Klavierzyklus »September-tage op. 31« ja explizites Programm. Aber auch sonst können wir nie sicher sein, von welchem Planeten Erwin, der Sternenfreund, gerade funkt. Seriell, absolut abstrakt, west-östlicher Diwan, freier Jazz ... Jedes neue Stück überrascht und eröffnet einen neuen Klangkosmos.

Und der vielleicht größte Schatz: Diese Musik umkreist die Stille. Sie wird nach-vollziehbar aus ihr geboren und kehrt immer wieder – in gestalteten Kadenzen – zu ihr zurück. Erwin kann Stille hörbar machen. Damit verhilft er mir – in guten Momenten des Hinhörens – zu einer Fokussiertheit und zeitvergessenen Ruhe, die mir besonders kostbar ist in ihrer warmen Aufgehobenheit.

Auch nach den schmerzlichsten Exkursionen in die Grausamkeit und Finsternis (man denke nur an »composition no. 73 (popol wuj)«) lässt uns Erwins Kunst nie allein in der Kälte zurück. Als wolle er mit Hölderlin sagen: »Wo aber Gefahr wächst, da wächst das Rettende auch«, führt er uns zurück zum Potenzial des Herzens, zu Berührung und Geborgenheit in Schönheit. Das stille »Sekitei« op. 17, »composition no. 55 (concertino)« für Violine und Orchester, die atemberaubenden Wassermusiken »composition no. 75 (le son du lac)« / »La mer est ton miroir« op. 24 sind Meisterwerke dieser Qualität, die der Hoffnung in uns – sei sie auch zitternd – neue Kraft gibt. Solche Musik braucht es zum Überleben.

Christoph Ogiermann, Komponist und Instrumentalist

Anmerkung des Autors: Der Text von Christoph Ogiermann auf S. 134, ist typografisch. Es erscheinen Begriffe und Silben in drei Sprachen. **Fett** gedrucktes wird französisch, *kursives* englisch und alles andere deutsch ausgesprochen.

Elmar Rixen, Pädagoge, Maler und Astrofotograf

Walkman: Die Erfindung des Walkman geht wohl auf Erwin und mich zurück. In den 60er Jahren hatte ich mir ein batteriebetriebenes Uher-Tonbandgerät zugelegt, das auch einen Kopfhörerausgang hatte. Die Firma Sennheiser vertrieb damals Kopfhörer, bei deren Stecker man einen zweiten draufsetzen konnte, so dass zwei Personen gleichzeitig die Musik hören konnten. Das nutzen wir reichlich aus.

Bei schönem Wetter setzten wir uns auf unsere Räder und fuhren ins Kempener Feld, nebeneinander, jeder mit Kopfhörer auf den Ohren. Das war oft ein schwieriger Balanceakt, aber auf einem schnurgeraden Radweg leidlich zu meistern. In einem kleinen Waldgebiet angekommen, kletterten wir in einen Baum, den wir »Tarzanbaum« nannten, setzten uns jeder auf einen kräftigen Ast und lauschten den Klängen von Beethovens »Pastorale«, Griegs »Peer Gynt-Suiten«, Brahms »Vierter«, Schuberts »Schöner Müllerin« oder Tschaikowskis »Pathétique«. Selbst vor solchen Monumentalwerken wie Mahlers »2. Sinfonie« schreckten wir nicht zurück. Viele wunderbare klassische Werke lernten wir so kennen. Im Winter in Erwins kleinem Dachzimmer, im Frühjahr auf dem Tarzanbaum mit unserem »Walkman«.

Orgel: Sonntags schlug Erwin die Orgel, wobei Erwin bei der »Intrade« immer alle Register zog. Meistens haben wir uns zur Kommunion etwas Besonderes ausgedacht, zum Beispiel in der Weihnachtszeit die Arie »Großer Herr und starker König« aus

Textgestalt für Erwin
das Dauern der Ordnungen

           keine Schmerzen?

remem*brains*
we sich *ratten*?
kannzoch studiern auchohne Klawiaeltan: **egalélité**

de **bande sauv***age*: AKT*youelleMuse*ik
tout le Formen:
SünÄsteTisch Fär**ben**
ge**zack**te *BeWegt*ide
wörtllCHe(r) Form*gang*
*all*E*.Scores*
fraseuritaire

Stets
geordneter Tisch.
Die Gegenstände berühren sich nicht
haben zwischen sich
um sich
stets
die dunkelgrüne lederartige Randung der Schreibunterlage;
wo es möglich ist, bilden die Gegenstände Parallelen aus.

kannzauch komponiern
der Innendruck muss dem Aussendruck entsprechen   - nö -
       vs.   ich brings Dir bei - umsonst
    wenn da nur noch Klarheit ist

Der Füllfederhalter neben den Zetteln in kleinster Schrift
:

     1 Stück mit
     1 Instrument (Flöte?) nur
     2 Töne (c, d?) benutzen.
     Yun- Methode.
     was bleibt?
     Rhythmik,
     gestaltete Pausen,
     Aussermusikalisches.

konzertwattiver *ROLLBACK*:
ein KAUFMANN sagt knäkig:
„...da es gesellschaftlich als
NICHT-relevant angesehen wurde
Beethoven zu analysieren....
Diese Zeiten sind glücklicherweise
VORBEI, Herr Mävers!"
Kutsch**retour** zur UNI-*form*:
bourgeoise Töhne und Töchter
beim Klassenerhalt

In der Vorstellung:
(ebenso akkurate)
Registerzüge;
dabei dieUnmöglichkeit des Pneuma bei fehlenden Zwischenstellungen?

*Lost***combat***for*
VORRAUSSETZUNGSLOSIGKEIT
:
egalélité?

    Atemnot / vom Herz her

    Finger beriechen   „Sii wissään niecht waas di pohlnischä Schuhläää ist?"
ein**registrement***X*Amen
Ein Endpunkt -----------------------Der Spieler--**liberté?**
     spielt
     oder spielt nicht
     für 5 Minuten
:   Der **horsdionature** *NEXT* im Muffkeller:
Grenze, aber wieder in homophiler Unaufdringlichkeit gesetzt.   Fremdkörper *sine*
:
Sag nicht, Du hast ein Problem damit.   :   („composition no.43"?) Beim ES.*we.are*, 13 Uhr
Sag: Das ist Scheisse!!, SAG'S.....   ICH*the* Bassklarinette, geht Mittagess'
And´re bleib'n '**bisschen netter**
    welche Kampfsportarten nutzen die Stärke des Gegners gegen ihn selbst

Wittheit (ge)gen Stein // AssozWut gegen Wen (*shock* Ludewick **aveck -.I..**)

    wie lang jetzt schon keine Schmerzen?

Bachs »Weihnachtsoratorium«, die ich dann mit meinem Laienbariton mit Inbrunst vortrug. Auch Arien von Händel oder Telemann brachten wir zu Gehör. Einmal wagten wir uns sogar an die »Marienvesper« von Monteverdi. Dabei sang ich das »Nigra sum« und Erwin begleitete mich. Hinterher wollten einige Kirchgänger wissen, was das für eine merkwürdige Musik war. Monteverdi war für sie ein völlig fremdes Klangerlebnis. Das ließ sich aber noch steigern. Eines Tages kamen wir auf die Idee, nach dem Schlusslied Ligetis »Volumina« zu spielen, wobei auch ich in die Tasten greifen durfte; übrigens das einzige Mal, dass eine Orgel von mir erzeugte Töne von sich gab. Während des Spiels fanden sich immer mehr Gottesdienstbesucher ein, die uns beobachteten. »Is de Orjel kaputt?« fragte einer.

Musikunterricht: Erwin und ich bewunderten unseren Musiklehrer Hans Schlosser sehr. An der Orgel war er ein Genie. Oft improvisierte er zur Schlussliedmelodie eine vierstimmige Fuge und ließ das Lied als Cantus firmus über allem schweben. Auch lernten wir durch ihn die großen Bachschen Orgelkompositionen kennen. In jenen Schülertagen hörten wir viel klassische Musik, oft auf Erwins enger Dachstube. Er besaß ein Vierspurgerät, mit dem wir mehrstimmige Experimente machten. Auch versuchten wir uns an Kompositionen von Liedern nach Texten von Nikolaus Lenau oder Karl May. Da Erwin gut Klavier spielte, konnte er seine Kompositionen gleich überprüfen, und ich ließ mir meine Opera von ihm vorspielen. Er spielte den Klaviersatz und ich sang dazu.

Nach dem Abitur zog Erwin nach Berlin und wir sahen uns längere Zeit nicht. Aber immer schrieben wir uns Briefe, wobei Erwin der fleißigere Schreiber war. Wir diskutierten brieflich und digital über Gott und die Welt, Taoismus, Buddhismus, Atheismus, Katholizismus, stritten uns über Populärphilosophen und Rockmusik. Bis heute schickt Erwin fast jede Woche eine oder mehrere E-Mails, oft mit wunderbaren Links zu philosophischen, musikalischen, kunsthistorischen oder astronomischen Themen.

Jeremias Schwarzer, Blockflötist

Man könnte es eine »poetische Unerbittlichkeit« nennen, die sich durch seine Musik zieht, und die er durch alle äußeren und inneren »Störfelder« hindurch immer weiter führt. Eine Musik mit dem Mut zum zarten, aber genauen und klaren Ausdruck, welche ebensolche Genauigkeit von Hörern und Spielern fordert, aber von dieser Haltung bekommt man dann selbst am meisten zurück. Eine aufmerksame Beschäftigung mit Musik, die nicht marktschreierisch, sondern in sich selbst verpflichteter Konsequenz kompositorisch gegründet ist, verhilft dem Zuhörer zu aufmerksamer, »ungereizter« Wachheit: Eine Rarität in der grellen Flachheit des »Musik-Business«. Mehr davon.

Wilfried Wiemer, Musik- und Theaterpädagoge

Was machte »ganZeit«, warum der Name? Antworten ergeben sich im Spiegel des selbst Erlebten.

1984 bot Erwin Koch-Raphael im Studiengang Musikpädagogik an der Universität Bremen ein dreisemestriges Projekt zum Thema »Song Books« von John Cage an. Diese »Songs« können nicht als Anweisung für eine rein musikalische Interpretation verstanden werden, sondern als Anregung zu Performances im Sinne einer nicht auf Wiederholbarkeit angelegten, spontanen Kunstform.

Es ging zunächst darum, dass wir uns auf ganz eigenen Wegen ein Repertoire erarbeiteten. Dabei kamen schnell Fragen auf: Wie werden Anfang und Ende bestimmt? Wie viel Minuten darf jede und jeder für sich beanspruchen? Was ist mit simultanen Aktionen? Und welche Rolle spielt der Raum beziehungsweise die Bühne?

Während der Arbeit wurde uns schnell klar, dass alle aus der Gruppe Unterschiedliches zu bieten hatten. Aber auch: Wenn alle ihr Feuerwerk an Ideen abbrennen, ist keine einzelne Flamme mehr auszumachen. Dies zu lösen, indem Abläufe festgelegt werden, hätte dem widersprochen, wie Cage verstanden wurde. Und: Stille gehörte immer dazu.

Die Konsequenzen daraus sind die Essenz dessen, was »ganZeit« gemacht hat: Es wird ein Zeitrahmen für die Performances festgelegt, der genau eingehalten wird. Jede und jeder hat zum Beispiel drei Aktionen und verteilt sie auf die zur Verfügung stehende Zeit. Absprachen gibt es nicht. Weil alle Platz für die Aktionen brauchen könnten, sind die Akteure im Raum verteilt, das Publikum kann den ganzen Raum frei begehen.

Drei, vier, fünf Aktionen gleichzeitig oder sich ablösend, die stumm, musizierend oder laut und energiegeladen sein können sind genauso möglich wie minutenlange Spannung, in der jederzeit die nächste Aktion stattfinden kann.

Die Folge: Simultaneität und Stille ergeben ein neues Aufführungsprinzip. Je nach Standort der Menschen im Publikum ergeben sich unterschiedliche Performances. Der Zufall, den Cage propagierte, weil er Musik abseits jeglicher Intention erschaffen wollte, traf auf Individuen, die ihre Intentionen nicht verheimlichten.

Als im Winter 1985 der erste Auftritt vorbereitet wurde, der im Rahmenprogramm der »Pro Musica Nova« von Radio Bremen im Frühjahr 1986 stattfinden sollte, wollten die Programmgestalter einen Namen. Zunächst war »Nge Ora« Favorit – weil eine Südfrucht auf dem Tisch lag.

Aus der bisherigen Performance-Praxis war uns bewusst, dass die Zeit ein prägender Faktor ist – für Stille, für den Beginn der eigenen Aktionen, für Anfang und Ende. Ebenso bewusst war, dass nicht ein musizierender Kopf performt oder wahrnimmt, sondern ein ganzer Mensch. Der Mensch und die Wahrnehmung lassen sich weder in Kategorien wie Musik, Kunst oder Literatur einteilen, noch lässt sich alles von der Zeit trennen.

Es gab keinen anderen Namen als »ganZeit«: Ganzes und Zeit sind untrennbar verbunden.

Cage war nur der Anfang. Die Visitenkarte von »ganZeit« hatte als Untertitel: Klang – Installation – Performance.

Wenn der Rahmen – zum Beispiel der Raum, der Anlass, die Uhrzeit – klar war, fand eine Art Brainstorming statt, nicht ritualisiert oder protokolliert. Vor allem wurden Raumnutzung und Zeitrahmen festgelegt, manchmal, wie zum Beispiel beim Bremer Kirchenjubiläum auf dem Domshof, auch Farben oder ein gemeinsames Motto.

Mit diesen Ideen entwickelte jede und jeder seine eigenen Performance-Elemente oder man verabredete sich zu (Teil-)Ensemble-Aktionen. In der Regel wussten wir nicht genau, was die anderen vorhatten.

Der Aspekt der Installation ist sicherlich ein Element, das durch die Mitglieder, die Wurzeln in der bildenden Kunst hatten, in die Gruppe gebracht wurde. Die bespielten Räume wurden teilweise stark verändert. Bei einer mehrtägigen Vorstellung in den Bremer Weserterrassen wurden beispielsweise Massen an Torf und andere Elemente immer wieder neu gestaltet. Der Eingriff in die Räumlichkeit wurde noch verstärkt durch den gelegentlichen Einsatz von Videoübertragungen: Ende der 1980er Jahre noch etwas Ungewohntes.

Da die Ursprünge von »ganZeit« im Studiengang Musikpädagogik der Universität Bremen lagen, spielte das Element »Klang« immer eine bedeutende Rolle. Installiertes wurde Klangmaterial, Klangerzeugung war Performance, Performance veränderte die Installation.

Es gab auch Auftritte, die vor allem dem Klang Raum gaben, zum Beispiel mit von Erwin Koch-Raphael gespielter Kirchenorgel, korrespondierend mit Schwirrrohren aus dem Spielzeugladen, Tamtams (Gongs), Klangschalen und Stimmen.

Im Laufe der Jahre wuchs bei uns die Idee, diese Art Auftritte aus dem Rahmen des Außergewöhnlichen zu holen und Performance einer Alltagskultur näher zu bringen. 1989 führten wir unser Vorhaben durch, in jedem Monat eine Performance zu gestalten. Auch hier galt: Antworten ergeben sich im Spiegel des selbst Erlebten.

Anmerkungen

1 Henning Bosse, »Erwin Koch-Raphael – Das Komponieren der unerträglichen Stille«, in: Lounge, 3/1997, S. 38.

2 Richard Grossinger, Wege des Heilens. Vom Schamanismus der Steinzeit zur heutigen alternativen Medizin, München 1982, S. 427–428.

3 Erwin Koch-Raphael, »Ein Nachruf für Isang Yun«, in: Programmheft zum Gedenkkonzert Isang Yun 1996, hrsg. von Hannoversche Gesellschaft für Neue Musik, Hannover 1996, S. 6.

4 Helmut Böttiger, Interview mit Peter Handke im Deutschlandfunk, 28.7.2017.

5 Gilles Deleuze / Félix Guattari, Tausend Plateaus, Berlin 1992, S. 16.

6 Carola Bauckholt, »Balance zwischen abstrakt und konkret. Gedanken zu meiner Musik«, in: MusikTexte 147/2015, S. 67.

7 Marianne Schwandt, »Der rote Teppich«, in: Auf dem roten Teppich. Erinnerungen an Frieda Goralewski 1893-1989, hrsg. von Goralewski-Gesellschaft, Berlin 2003, S. 34.

8 »If you would send the public opinion to the devil, forgetting that a public existed, and writing from the natural promptings of your own spirit you would do wonders.« Edgar Allan Poe, Brief an den Schriftsteller Frederick William Thomas vom 23.11.1840, <http://www.eapoe.org/works/letters/p4011230.htm>.

9 Johann Mattheson, Der vollkommne Capellmeister, Hamburg 1739, Faks.-Nachdr. Kassel 1954, S. 82.

10 Nikolaus Harnoncourt, Musik als Klangrede. Wege zu einem neuen Musikverständnis, München 1987, S. 157.

11 Carl Dahlhaus, Die Idee der absoluten Musik, Kassel 1978, S. 12.

12 Eduard Hanslick, Vom Musikalisch-Schönen, Leipzig 1854, Faks.-Nachdr. Darmstadt 1976, S. 32.

13 Stefan Koelsch, Gespräch mit dem Autor, 13.3.2010, Berlin.

14 Stefan Koelsch / Tom Fritz, »Musik verstehen – Eine neurowissenschaftliche Perspektive«, in: Musikalischer Sinn. Beiträge zu einer Philosophie der Musik, hrsg. von Alexander Becker / Matthias Vogel, Frankfurt am Main 2007, S. 258.

15 Heinz-Klaus Metzger, »Musik wozu«, in: Heinz-Klaus Metzger, Musik wozu – Literatur zu Noten, hrsg. von Rainer Riehn, Frankfurt am Main 1980, S. 306.

16 Um politische Inhalte in der Musik zu implementieren, arbeitet der 1939 geborene Komponist Nicolaus A. Huber gezielt mit solchen kulturellen Prägungen. Das 1980/81 komponierte Violinstück »Solo für einen Solisten« bezieht sich auf die damalige nicaraguanische Revolution. Huber zitiert die Melodie eines nicaraguanischen Liedes. Diese Melodie ist untrennbar mit seinem Text verbunden. Diesen wiederum kennt man, zumindest in Nicaragua, wodurch der Inhalt der Worte direkt im Klang der Melodie verankert ist. Darüber hinaus und auf einer abstrakteren Ebene prägen die Rhythmen des Liedes die Rhythmusgestaltung der gesamten Komposition.

17 Koelsch, Gespräch mit dem Autor.

18 Eva Koethen / Bertram Schmitz, Wirklicher als Wirklichkeiten? Zur Konstituierung von Wirklichkeit in Religion und Kunst, Stuttgart 2011, S. 58.

19 Erwin Koch-Raphael, Grenzräume ... Grenzzeiten, Vortrag vom 9.7.1997, Oldenburg.

20 Peter Hamm, »Auf der Pirsch nach Erlösung. Peter Hamm über den Regisseur Andrej Tarkowski und seinen jüngsten Film ›Stalker‹«, in: Der Spiegel 19/1981, S. 255–257.

21 Sarah Glosauer, »Der Fehler – Möglichkeiten der Abweichung«, in: SimpleText, Das achte Jahrbuch des Kölner Fachbereich Design, Köln 1999, S. 380–381.

22 Ludwig Wittgenstein, Ein Reader, Stuttgart 1996, S. 9.

23 Erwin Koch-Raphael, Variation über Wittgenstein, 1990, <https://www.koch-raphael.de, Menüpunkt Poetik>.

24 Gerhard Roth, »Vorwort zur deutschen Ausgabe: Geist, Seele, Gehirn«, in: Eric R. Kandel, Psychiatrie, Psychoanalyse und die neue Biologie des Geistes, Frankfurt am Main, 2008, S. 15.

25 Erich Jantsch, Selbstorganisation des Universums, München 1982, S. 28.

26 Frederic Vester, Die Kunst vernetzt zu denken. Ideen und Werkzeuge für einen neuen Umgang mit Komplexität, München 2003, S. 15.

27 Thomas Nagel, Geist und Kosmos. Warum die materialistische neodarwinistische Konzeption der Natur so gut wie sicher falsch ist, Berlin 2016, S. 53–54.

28 Natalie Knapp, anders denken lernen, von Platon über Einstein zur Quantenphysik, Bern 2008, S. 9.

29 Grossinger, Wege des Heilens, S. 153.

30 Abbildungen von fraktalen Mengen haben nicht selten auch eine ästhetische Dimension, so etwa die grafischen Darstellungen von »Julia-Mengen«. In der Musik hat der Komponist György Ligeti Prinzipien fraktaler Geometrie auf musikalische Strukturen übertragen und mit ihnen in seinen Klavieretüden komplexe polymetrische Rhythmen generiert.

31 vgl. C. G. Jung, »Synchronizität als ein Prinzip akausaler Zusammenhänge«, in: C. G. Jung, Die Dynamik des Unbewußten, Gesammelte Werke Band 8, hrsg. von Marianne Niehus-Jung et alt., Zürich 1967, S. 475–577.

32 C. G. Jung, »Über Synchronizität«, in: C. G. Jung, Die Dynamik des Unbewußten, Gesammelte Werke Band 8, hrsg. von Marianne Niehus-Jung et alt., Zürich 1967, S. 589–590.

33 William S. Haas, Östliches und westliches Denken, Hamburg 1967, S. 155.

34 Jung, »Synchronizität als ein Prinzip akausaler Zusammenhänge«, S. 546.

35 Haas, Östliches und westliches Denken, S. 182.

36 vgl. Nagel, Geist und Kosmos / John R. Searle, Geist, Frankfurt am Main, 2006.

37 Grossinger, Wege des Heilens, S. 28–29.

38 Gerhard Roth, Das Gehirn und seine Wirklichkeit, Frankfurt am Main 1997, S. 178.

39 Eckart Altenmüller / Reinhard Kopiez, »Schauer und Tränen: zur Neurobiologie der durch die Musik ausgelösten Emotionen«, in: Musik: gehört, gesehen und erlebt, Festschrift Klaus-Ernst Behne zum 65. Geburtstag, Hannover 2005, S. 174.

40 Jennifer Walshe, »Die Neue Disziplin«, in: MusikTexte 149/2016, S. 4.

41 Erwin Koch-Raphael, »Theater um uns«, Neue Zeitschrift für Musik 4/1993, S. 36–39.

42 Larry Dossey, Die Medizin von Raum und Zeit, Basel 1984, S. 44.

43 Ebenfalls von zentraler Bedeutung für ein modernes Zeitverständnis sind die Überlegungen des Phänomenologen Edmund Husserl zum Wesen der Zeit. Er beschreibt sie als ein sogenanntes »Horizont-Phänomen« und führt das Musikerleben als Beispiel an. Das aktuelle Jetzt unterliege einem permanenten Zeitfluss, innerhalb dessen ein Ton in den Vergangenheitshorizont (Retention) versinke und nach und nach an Klarheit und Bewusstheit verliere. Ebenso gebe es einen Erwartungshorizont (Protention), das Zeitfeld des Zukünftigen. Husserl beschreibt Zeit also nicht punktuell, sondern als Feld, das sich ständig im Fluss befindet.

44 Massimo Caccari, Zeit ohne Kronos, Klagenfurt 1986, S. 9.

45 In der Physik bedeutet eine Singularität einen Punkt, an dem alle bekannten Naturgesetze ihre Gültigkeit verlieren, wie bei einem schwarzen Loch. Unter dieser Perspektive könnte die »nicht reduzierbare Singularität« Caccaris als ein Zeitphänomen verstanden werden, bei dem die normalen Vorstellungen von Zeit, als Vergangenheit, Gegenwart und Zukunft, ihre Gültigkeit verlieren.

46 Bernd Alois Zimmermann, Intervall und Zeit, Mainz 1974, S. 35.

47 vgl. Helga de la Motte, »Weitgespannter Horizont. Zeitvorstellungen in der neuen Musik«, in: MusikTexte 148/2016, S. 27–38.

48 Monika Fürst-Heidtmann, »Seismograph der Zeit – der Komponist Erwin Koch-Raphael«, in: Programmbuch »Festkonzert für Erwin Koch-Raphael«, Redaktion Roswitha Euler, Oktober 1999, S. 17-18.

49 Bosse, »Erwin Koch-Raphael – Das Komponieren der unerträglichen Stille«, S. 36.

50 Erwin Koch-Raphael, Interview mit dem Autor, 24.5.2009, Mönchengladbach.

51 Don DeLillo, Weißes Rauschen, München 1989, S. 381.

52 Robert Musil, Der Mann ohne Eigenschaften, in: Sämtliche Werke von Robert Musil, e-artnow, 2013, S. 901.

53 Arno Schmidt – »Mein Herz gehört dem Kopf«, Dokumentation Deutschland 2013, Sendung: ARTE am 3.5.2017.

54 Brigitta Muntendorf, »Anleitung zur künstlerischen Arbeit mit der Gegenwart«, in: Zurück zur Gegenwart. Weltbezüge in Neuer Musik, hrsg. von Jörn-Peter Hiekel, Mainz 2015, S. 51.

55 Koch-Raphael, Variation über Wittgenstein.

56 Koethen / Schmitz, Wirklicher als Wirklichkeiten?, S. 31.

57 Schönberg gilt als Erfinder der Zwölftontechnik. Doch auch andere Komponisten haben, sogar einige Jahre früher, zwölftönige Kompositionstechniken entwickelt, unter ihnen Josef Matthias Hauer, Nikolai Obuchov oder Nikolai Roslavetz. Roslavetz zum Beispiel formulierte sogenannte »Synthetakkorde«. Diese Klänge bestehen aus sechs oder mehr Tönen, die je speziell für ein Stück konstruiert werden. Sie bilden die Basis für die harmonischen Beziehungen in dem Werk und auch für die melodische Gestaltung. Erwin Koch-Raphael empfindet dieses Prinzip seiner Kompositionstechnik verwandt. Auf ähnliche Weise verwendet er »Hauptklänge«, aus denen sich melodische Strukturen ableiten.

58 Erwin Koch-Raphael, »Die kopernikanische Wende. Zum Tode von John Cage«, in: ZeM Heft Nr. 8, 3/1992.

59 Ulrich Mosch, »Die neue Realität Kunst. Der Glaube an die Kraft der Abstraktion«, in: positionen 108/2016, S. 33.

60 Michael Maierhof, »Die Würde einer Tupperdose«, in: positionen 76/2008, S. 29.

61 vgl. Francis Crick / Christof Koch, »Towards a Neurobiological Theory of Consciousness«, in: Seminars in the Neurosciences, 2/1990, S. 263–275.

62 Mit Tönen, die auf solche oder ähnliche Art durch ein Werk »hindurchschwingen«, beschäftigt sich der Komponist Nicolaus A. Huber. Er hat solche Töne in Claude Debussys Werken gefunden und sie dort als konstituierende Komponente der musikalischen Form identifiziert, und er setzt sie in seinen eigenen Kompositionen ein.

63 Meyers kleines Lexikon Literatur, Mannheim 1986, S. 293.

64 Charles Baudelaire, Blumen des Bösen, Übersetzung: Stefan George, Berlin 1901, S. 30.

65 Erwin Koch-Raphael hat sich ausführlich mit den kompositorischen Konzepten von John Cage beschäftigt, wie es sein Text zum Komponistenkollegen in Kapitel 6 nahe bringt. Dazu gehört auch Cages Auffassung von Stille als einem Phänomen, das weit mehr als nur eine Unterbrechung oder eine Pause ist. Cage hatte darauf hingewiesen, dass es Stille de facto gar nicht gibt, da der menschliche Körper und der Hörapparat, kommt er in einen schalltoten Raum, selbst Geräusche produziert. Stille in der Musik ist unter diesem Gesichtspunkt eine theoretische Setzung. Vor allem aber hatte Cage zu Bewusstsein gebracht, dass Stille wie ein Klang beziehungsweise als Klang erlebt werden kann und dass sie gleichwertig neben anderen Klangereignissen steht. Auch in der Stille sind geistige und emotionale Erfahrungen möglich, was Erwin Koch-Raphael am Schluss seines Ensemblewerks »Kalte Zeiten« nutzt.

66 Erwin Koch-Raphael, »Schöne neue Welt im Rampenlicht«, in: Bremer Jahrbuch für Musikkultur, Bremen 1997, S. 126–127.

67 Roswitha Euler, »Erwin Koch-Raphaels ›Kassandra-Skizzen‹ in Bremen uraufgeführt«, in: Noten und Notizen, hrsg. von Hannoversche Gesellschaft für Neue Musik 23/1998, S. 12–13.

68 Philip S. Rawson et alt., Tantra, Stuttgart 1971, S. 66.

69 Brief des Komponisten an den Schriftsteller Gerd Scherm von 2002.

70 Erwin Koch-Raphael, Interview mit dem Autor, 13.9.2016, Herne.

71 Wortspiel aus »Parsifal« und »Fellatio«.

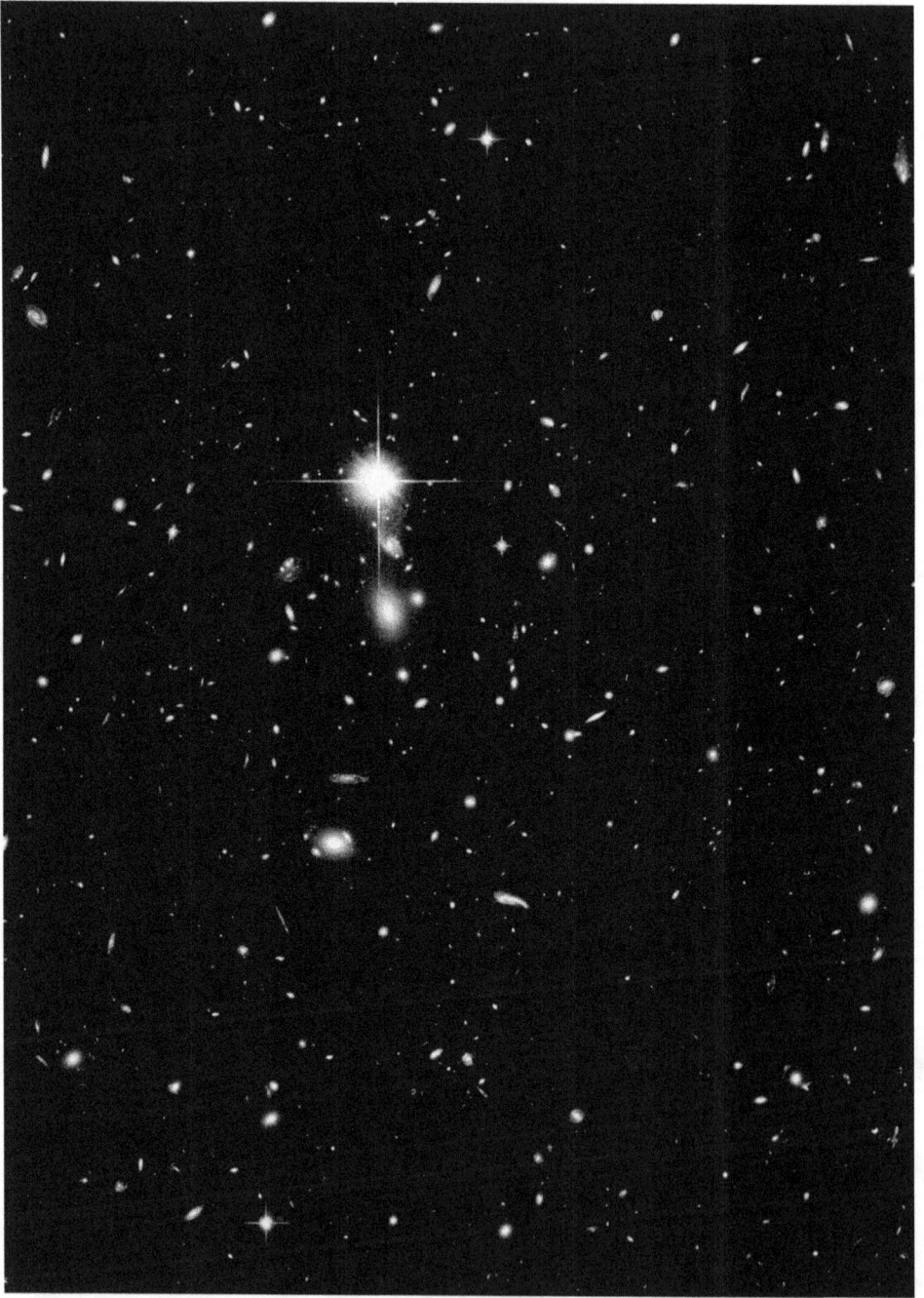

Infrarot-Aufnahme sehr weit entfernter Galaxien.

Werkverzeichnis

Nicht veröffentlichte Kompositionen

1963
Frühlingseinzug im Walde für Klavier
Der Sultan zieht durch Bagdad für Klavier (verschollen)

1969
Morgensternlieder op. 1: »Palmström«, »Das böhmische Dorf«, für Bass und Klavier
Tenebrae factae sunt op. 2 für Alt oder Bass und Orgel
Epitaph für Ho-Chi-Minh op. 3 für Klavier
PRAHA, Frühjahr 68 op. 4 für Klavier
Über die Geburt Jesu (Text: Gryphius) op. 5 für Bass und Klavier/Orgel
Epitaph für Bertrand Russell für Klavier (verschollen)
Bitte (Text: Lenau) op. 6 für Bass und Klavier, auch für vierstimmigen Chor

1970
An die Entfernte (Text: Lenau) op.7 für Bass und Klavier
Der schwere Abend (Text: Lenau) op. 8 für Bass und Klavier
Winternacht (Text: Lenau) op. 9 für Bass und Klavier
Weihnachtsode (Text: J. Chr. Günther) op. 11 für Bass und Klavier

1971
Totenzettellieder (Text: Carossa u.a.) op. 12 für Klavier (unvollendet, 2017 wieder aufge-
nommen)
Klassische Sonate im Stile G. F. Telemanns kurz vor dem Einbruch der romantischen Dämonen
op. 14 für Altblockflöte und Klavier
Romanze. Warum aus dem alten Brunnen im Burghof in einer Frühlingsnacht Weihrauch aufstieg
op. 15 für Altblockflöte (oder Ob. Vl.) und Klavier
Ritana op. 16, Fantasie für Klavier solo
Six Preludes op. 17 für Klavier
Trauermusik, Phantasie eines Alptraums – oder »Was Gott thut, das ist wohlgethan« op. 18 für
Klavier
Fuge II g-Moll für Klavier

1972
8 Improvisationen zur Rhythmik für Klavier
2 Inventionen (f-Moll, d-Moll) für Klavier

Iuravit Dominus, dreistimmige Motette
Belsazar, Tanzmusik op. 19 für Klavier
Verborgenheit (Text: Möricke) op. 20. Musikszene mit Gesang für einen oder mehr
Sänger, Klavier und Orgel
Marche funèbre surrealiste, à June le 11,1972 für Klavier
Klavier Solo für Klavier, 1´
Notturno für Violine und Klavier, ca. 3´
Transition für Altflöte solo, ca. 6´
Tsiankar für Cembalo solo

1973
Kalpa für Trio für Flöte, Oboe (oder Klar.) und Violoncello, UA Berlin 1973, ca. 10´
Anch für 4 Posaunen und 4 Pauken, UA Berlin 1973, ca. 10´
Sinfonie für Kammerorchester, 3 Schlagzeuger und 2 Altblockflöten, 6´
Abba Tabarigi, Magisches Ritual für Sprecher, große Flöte, Klavier und Schlagzeug,
UA Berlin 1974, ca. 10´

Veröffentlichte Werke

1973
Drei Aquarelle op. 1 für Orgel, nach Bildern von Wols, 5 Stücke, UA Berlin 1975, 5´

1974
Trollebotn op. 2 für großes Orchester, UA Solingen 1975, 14´
NachtStücke op. 3 nach literarischen Grundideen von E.T.A. Hoffmann für Ensemble
(Spr., Fl., Vc., Klav. Schlz.), 5 Stücke, UA Berlin (Produktion), Hannover (Konzert)
1982, 7´

1975
Spuren op. 5 für Posaune, Boosey & Hawkes, UA Berlin 1975, 6´
Los Caprichos op. 4 für Streichquartett, 1. Aus dem Wasser, 2. Die Zeit und der Tod,
3. Die magischen Kräfte, UA Berlin 1981, 17´
Aristoteles schläft für 4-Spur-Tonband, UA Berlin 1976, 8´

1976
...ces fleurs maladives op. 6 für großes Orchester, UA Hilchenbach-Dahlbruch 1976, 12´
Die große Straße op. 7 für großes Orchester, UA Kiel 1977, 8´

1977

La tristesse d'Harlequin op. 8 für Tenorblockflöte

The mirror of love op .9 für Violoncello, 1. Die Hoffnung, 2. Die Liebesglut: Die schweigsame Eifersucht, 4. Die Raserei, 5. Die Koketterie, 6. Der Abschied (oder: die ewige Liebe), UA Berlin 1978, 6´

Das Antlitz des Wals für 4-Spur-Tonband zu einem Film von Michael C. Glasmeier, UA Berlin 1977, 8´

Ode an die Winterkirsche op. 10 für großes Orchester, 7´

Konzert für Violoncello und großes Orchester op. 11, 3 Sätze, UA Kiel 1980, 28´

Bearbeitung: Isang Yun: *Schamanengesänge* (1969/70) aus der Oper Geisterliebe für Alt und Kammerorchester, Text: Harald Kunz, Boosey & Hawkes, UA Berlin 1977, 9´

1978

Das Spiel von David und dem König Saul op. 12. Oper, Libretto nach dem Alten Testament von Gert Mattenklott, 50´

Jabberwhorl Cronstadt op. 13. Oper, Text vom Komponisten nach einer Erzählung von Henry Miller, 50´- 90´

Philoktet für Elektronik, Bühnenmusik zu Heiner Müllers »Philoktet«, UA Berlin 1978, ca. 60´

Sechs Klavier Spiele für Kinder op. 14 für Klavier, 1. Das Dinosaurierspiel, 2. Das Spiel der einsamen Hexe im Baum, 3. Das Feuermännchenspiel, 4. Das Mondspiel, 5. Das Spiel von Elise und dem kleinen Quälgeist, 6. Das nächtliche Spiel der Katzen auf dem Hinterhof, UA Berlin 1979, 8´

Schottisches Trio 1. Teil op. 20 (Fl., Vc., Klav.), UA Seoul 1979, 6´

1979

Jahreszeiten op. 15 für Bläsertrio (Ob., Klar., Fg.), Boosey & Hawkes, UA Berlin 1980, 9´

Sekitei op. 17 für Violine, Boosey & Hawkes, UA Tokio 1979, 12´

Let us bury the hunters op. 16 für Flöte, Klarinette, Horn und Klavier, UA Auburn 1979, 16´

Auf der anderen Seite des Flusses op. 18 für 6 Flöten oder 6 Violinen, UA Heidelberg 1979, 11´

1980

Oktett: Auf den weißen Flügeln des Todes op. 19 (Klar., Fg., Hn., Strquin.), UA Berlin 1980, 16´

Land der Nacht op. 22 für großes Orchester, Boosey & Hawkes, UA Köln 1980, 11´

Scitote, quia prope est op. 23 für Klarinette, Violine, Violoncello und Schlagzeug, UA
Berlin 1980, 11´

1981

La mer est ton miroir op. 24 für großes Orchester, UA Bremerhaven 1981, 13´
L'Horloge op. 25 für 12 Stimmen. Text: Charles Baudelaire, 8´
Und das Leben war das Licht op. 26 für Sopran, Klarinette und Orgel, Text: Neues Tes-
tament, UA Lüneburg 1982, 8´
Alas, my love op. 27 für Akkordeon. Thema und Variationen, UA Tokio 1981, 16´
Hymnus circa exequias defuncti op. 28 für vierstimmigen gemischten Doppelchor. Text:
Prudentius, 14´

1982

Divertimento op. 29 für Streichtrio, UA Berlin 1983, 6´

1983

Hebe deine Augen auf gegen Mitternacht op. 30, Kantate für achtstimmigen gemischten
Chor, Trompete und Orgel. Text vom Komponisten nach dem Neuen Testament,
UA Berlin 1983, 10´
Septembertage op. 31, 24 Toccaten und lyrische Stücke für Klavier, UA Hannover
1985, 40´

1984

Fleurs étranges op. 32 für Akkordeon und Klavier, UA Duisburg 1986, 7´
Petites aventures au bord de la mer op. 33 für Ensemble, 7 Stücke, Boosey & Hawkes, UA
Mönchengladbach 1985, 15´
Kalte Zeiten op. 34 für Ensemble, 4 Sätze, Epilog, Boosey & Hawkes, UA Düsseldorf
1987, 9´

1985

Eine kleine Fantasie über Gershwin op. 21,4 für großes Orchester, UA Bremen 1985, 2´
Liebezeit op. 21,5 für vierstimmigen gemischten Chor. Text: Heinrich Heine, 8´
Figura con variazioni op. 35 für Orchester, UA Kiel 1987, 12´
Die Versuchung Jesu op. 36, Kantate für Sprecher, Chor und Ensemble, 19´
Abschied von den Farben der Nacht op. 37 für Violoncello und Orchester, UA Bielefeld
1987, 14´

1986

Für den Frieden op. 21,6 für vierstimmigen gemischten Chor und Bläserquintett, UA Bremen 1987, 15´

1987

Konzert für Klavier und Orchester Nr. 1 op. 38, 1. Lux, 2. Eternitas I, 3. Eternitas II, 4. Defunctis / Solaris, Boosey & Hawkes, UA Bremen 1987, 31´

1988

composition no. 39 für Flöte und Ensemble, 13 Kapitel, Boosey & Hawkes, UA Bremen 1991, 23´

1989

composition no. 40 für Flöte, Viola und Gitarre, Boosey & Hawkes, UA Darmstadt 1990, 12´
STRAD für vierstimmigen gemischten Chor und Klavier, UA Bremen 1991, 5´
pax/ERASMUS, Besetzung variabel, obligatorisch: Vokalensemble, vierstimmiger gemischter Chor und Instrumentalsolisten. Text: Erasmus von Rotterdam, UA Liverpool 1990, 21´

1990

VERGILIA [eclogae I,II] für Sopran und Violine, 7´
composition no. 41 für Streichquartett, UA Bremen 1997, 7´
STYX für Flöte, Viola und Gitarre, I, II, III, ALBA. Boosey & Hawkes, UA Köln 1992, 9´

1991

composition no. 42 für Klarinette, Violoncello und Klavier, Boosey & Hawkes, UA Nantes 1992, 8´

1992

to open ears (1991/92) für Violoncello oder Bassklarinette und 4-Spur-Tonband, UA Karlsruhe 1992, 13´
composition no. 43 für Ensemble (Bklar., Vl., Vla., Vc., Kb., Klav., Schlz.), 1. Report Nr. 1, 2. Report Nr. 2, 3. Report Nr. 3, 4. Report Nr. 4, 5. Report Nr. 5, 6. Report Nr. 6, 7. Report Nr. 7, 8. unbezeichnet, 9. Koan, 10. Intermezzo, 11. Stop Over, 12. Kontradiktion, 13. Arcus, Boosey & Hawkes, 23´

1993

grenzraum 1 für Bassflöte, Boosey & Hawkes, UA Oldenburg 1994, 11´

grenzraum 2 für Gitarre, Boosey & Hawkes, UA Mettmann 1993, 11´

grenzZeit I für Großbassblockflöte, Boosey & Hawkes, UA Hannover 1995, 11´

grenzZeit II für Violine oder Viola, Boosey & Hawkes, 11´

composition no. 44 für Bassflöte, Viola und Gitarre, Boosey & Hawkes, UA Darmstadt 1998, 20´

Basalt, 4 Stücke für Flöten, Boosey & Hawkes, UA Saarbrücken 1995, 18´

composition no. 45 für Flöte, Violoncello, Gitarre und Schlagzeug, Boosey & Hawkes, UA Moers 1993, 10´45´´

composition no. 47 für Streichtrio, 1. Verschnürt, 2. Rot und schwarz, 3. Dämmerung, 4. Requiem, 5. Priesterin, 6. Ritual, 7. Königin, 8. Sterne, 9. Mondwald, 10. Duft, 11. Regen, Boosey & Hawkes, UA Bremen 1994, 10´40´´

1994

composition no. 46 für Flöte und zehnstimmigen gemischten Chor oder zehn Solostimmen, Boosey & Hawkes, UA Graz 1994, 23´

1995

composition no. 48 für 4 Klarinetten, 12 Stücke, Boosey & Hawkes, UA Eschede 1999, 12´

Bändigung für Bassflöte und Schlagzeug, Boosey & Hawkes, UA Bremen 1995, 15´

composition no. 50 für Streichtrio, Boosey & Hawkes, UA Hannover 1995, 11´03´´

Engel der Zeit, Theaterkonzert für Schauspieler, Klarinette, Violine, Violoncello und Klavier, UA Bremen 1995, 100´

1996

composition no. 49a (... notre dame Machaut) für Flöte, Violoncello, Gitarre und Schlagzeug, Boosey & Hawkes, UA Köln 1996, 12´

composition no. 49b (... notre père Ubu) für Flöte, Schlagzeug und Tonband, Boosey & Hawkes, UA Saarbrücken 1996, 12´

composition no. 51a (... Rossinis Nachtfalter) für Violoncello und Kontrabass, Boosey & Hawkes, UA Hamburg 1996, 10´26´´

JUDO für Klavier und Saitenklang (Klavierstück für Kinder), UA Bremen 1996, 1´ bis 120´

ZwischenRaum A für Gitarre und Violoncello, UA Essen 1996, 16´

composition no. 52 für Klarinette, 5 Sätze, Boosey & Hawkes, UA Bremen 1997, 21´

1997

Warum ich gerne ein Nashorn wäre (vielleicht), Oratorium für Bass, Sprecher, Chor, Klavier und Schlagzeug, Text: Jan Philipp Reemtsma, UA Bremen 1997, 40´

Lichthaus Passagen. Möglichkeitsfelder im analytischen Raum in 4 Phasen, Konzertante Raum-Klang-Installation mit composition no. 52 für Klarinette und Elektronik, UA Bremen 1997, 196´

Kassandra-Chöre für vierstimmigen gemischten Chor, Violine, Klavier, Schlagzeug und Tonband, UA Bremen 1998, 26´

1998

Kassandra Skizzen, Szenen und Musik für vierstimmigen gemischten Chor, kleines Orchester und Tonband, UA Bremen 1998, 55´

composition no. 53 (suite concertante) für Ensemble, Boosey & Hawkes, UA Bremen 1999, 32´

composition no. 54 (Zettels Traum) für Flöte und Streichquartett, Boosey & Hawkes, UA Eschede 1998, 16´

3 Lieder für Antony nach Worten von Gerd Scherm für Bariton, UA Bremen 1998, 4´

1999

composition no. 56 für Blockflöte und Flöte, UA Bremen 1999, 11´

Hamlet-Chöre für gemischten Chor und Instrumente, UA Hannover 2000, 4´

FOR EVE R op. 21,13 für Streichquartett, UA Bremen 1999, 0´36´´

2000

petri carmen für Sopranblockflöte, UA Bremen 2000, 0´55´´

Hamlet attacks für Flöte, UA Bremen 2001, 2´

Duo für Flöte und Oboe, UA Darmstadt 2000, 2´

composition no. 55 (concertino) für Violine und Ensemble, 1. Satz, 2. The Cry of the Banshee, 3. Satz, Boosey & Hawkes, UA Hannover 2004, 21´

composition no. 57 (notturno) für Sopran, Tenor und Klavier, UA Bremen 2002, 5´

heart.brain.hamlet. Oratorium für vierstimmigen gemischten Chor und kleines Orchester, UA Hannover 2000, 25´

2002

For C, composition no. 58 für große Flöte, Boosey & Hawkes, UA Ljubljana 2003, 6´10´´

2003

ant für Bassflöte, UA Bremen 2003, 2´10´´

2004

composition no. 59 (El sueño del caballero), Sinfonisches Konzert für Flöte, Pauke und Orchester, UA Bremerhaven 2005, 21´

2005

Himiko schläft für Violoncello, UA Karlsruhe 2017, 4´
composition no. 60 (shôgo/noonday) für Koto und Renaissanceblockflöte, UA Köln 2006, 12´

2006

composition no. 61 (commedia humana) für Bläserquintett, 1. Ouverture, 2. Capriccio 1, 3. Nachtwache, 4. Capriccio 2, 5. Marsch, UA Bremerhaven 2006, 7´

2007

composition no. 62 (Tucana) für Oktett, UA Bremen 2008, 12´
composition no. 63 (the ruins of love, ... quasi una sonata) für Violoncello und Klavier, 4 Sätze, UA Bremerhaven 2009, 7´

2008

composition no. 64 (seasons) für Streichtrio, 1. L´hiver, 2. Primavara, 3. Sommar, 4. Herbst, UA Langen 2008, 11´

2009

Gute Geister für Flöte, Oboe, Klarinette, Horn, Fagott, UA Mönchengladbach 2009, 3´
composition no. 65 (au-delà) für Bariton und Streichquartett (nach Gedichten von Christian Morgenstern), 1. Notturno in Weiß, 2. Bildhauerisches, 3. Die Kugeln, 4. Unter Spiegelbildern, 5. Der Meilenstein, 6. Die Priesterin, 7. Korfs Verzauberung, 35´
Schottisches Trio, 1. und 2. Teil op. 20 für Flöte, Violoncello und Klavier, Thema und 22 Variationen, 18´

2010

A prayer, love and mystery für Violoncello, UA Bremerhaven 2010, 5´20´´
composition no. 66 für Schlagquartett, 6 Stücke, UA Oldenburg 2011, 6´
composition no. 67 (Toy Variations) für Konzertflügel und Toy-Piano, UA Bremen 2015, 10´
Anflug für Akkordeon und Schalmei, UA Bremen 2010, 1´08´´
ruhen.gehen für Schlagzeug und Elektronik, UA Bremen 2011, 1´01´´

2011

composition no. 68 für Akkordeon und Schalmei, 7 Stücke, 10´
composition no. 69 (John.Keats) für Streichquartett, 10´30´´

2012

composition no. 71 (tartans.variations) für Flöte, Bassflöte und Klavier, UA Bremen 2012, 10´

2013

composition no. 70 (poems) für Violine, nach Gedichten von John Keats, 1. a theme! a theme! Great nature! Give a theme, 2. let me begin my dream, 3. sweat home of all my fears, 4. my silver moon, 5. thou hast thy music too, 6. I wanted wings, 7. with Beauty – Beauty that must die, 8. and leave the world unseen, 9. like a weeping cloud, 10. it keeps eternal whisperings around, 11. seasons of mists, 12. the wideness of the sea, 13. desolate shores, Epilog: the passage of an angel´s tear, 11´05´´
composition no. 73 (popol wuj), 15 Gesänge nach Maja-Texten für Bariton und Klavier, UA Bremen 2014, 32´

2014

Picasso.Sylvette für Streichtrio, UA Bremen 2014, 2´
Das Große Rennen für Solisten, Chor, Bassflöte, Didgeridoo und Schlagzeug, Text: Jan Philipp Reemtsma, UA Bremen 2015, 40´

2015

composition no. 74 (I told you), in remembrance of Amy Winehouse für Klaviertrio, 1. Prelude, 2. The First Part, 3. Between, 4. The Second Part, UA Bremen 2016, 12´

2016

composition no. 72 (as wolS as possible) für Orgel, 10´12´´
composition no. 75 (le son du lac) für Violoncello, 6 Sätze, »Un rêve oublié«, UA Bremen 2016, 21´
composition no. 76 (madrigal) für Alt-, Tenor- und Bassblockflöte, 6´

2017

composition no. 77 (le fou) für Klavier und Kontrabass
composition no. 78 (Totenzettellieder) für Tenor und Klavier

Literatur

Schriften von Erwin Koch-Raphael

Mozart im Spiegel der modernen Musik, Vortrag 9.10.1986, Ms., Stadtwaage Bremen

»Einige grundsätzliche Anmerkungen zur Instrumentation und den sinfonischen Prinzipien«, in: Der Komponist Isang Yun, München (edition text & kritik) 1987, S. 71-80

Die Jugend und die neue Musik, Vortrag 24.2.1988, Ms., Presseclub Bremen (Tagung des Verbandes Deutscher Schulmusiker zur modernen Musikpädagogik)

Nachgedacht - das klassische Streichquartett in der aktuellen Krise der musikalischen Moderne, Vortrag 12.4.1989, Ms., Stadtwaage Bremen

Variation über Wittgenstein, Ms. 1990

Isang Yun im Portrait, Vortrag 30.11.1990, Ms., Opera Stabile, Hamburg (Portrait-konzert Ensemble „L'art pour l'art")

Das Wort-Klangbild, Ms., 1991

»Andere Wege, abseits«, in: Isang Yun, Festschrift zum 75. Geburtstag 1992, Hannoversche Gesellschaft für Neue Musik 1992, S. 111-122

Elektroakustische Kunst im Spannungsfeld zwischen Experiment und Erfahrung, Vortrag 29.4.1992, Ms., Universität Bremen

Musikverstehen heißt Menschen verstehen, Vortrag, 17.6.1992, Ms., Bremer Logenhaus

Der Klang des Menschen, Vortrag 1.9.1992, Ms., Jugendhof Steinkimmen (DGB-Workshop der Hans-Böckler-Stiftung)

»Die kopernikanische Wende. Zum Tode von John Cage«, in: ZeM Heft Nr. 8, 3/1992

Eigenes und (F)fremdes (e)Erfahren", Vortrag 2.9.1992, Ms., Jugendhof Steinkimmen (DGB-Workshop der Hans-Böckler-Stiftung)

Die Zahl als Symbol und die Zahlensymbolik bei Johann Sebastian Bach, Vortrag 2.12.1992, Ms., Bremer Logenhaus

»Theater um uns«, in: Neue Zeitschrift für Musik 4/1993, S. 36-39

Isang Yuns Haupttontechnik, Vortrag 10.8.1993, Ms., Kloster Rolduc Kerkrade (Orlando Festival – International Chamber Music Festival)

»Berührung durch den Geist: die Musik Isang Yuns«, in: ZeM Mitteilungsheft, 10/1993, S. 21 ff

»Schöne neue Welt im Rampenlicht«, in: Bremer Jahrbuch für Musikkultur 1995, Bremen (Edition Temmen) 1995, S. 123-130

»Ein Nachruf für Isang Yun«, in: Programmheft zum Gedenkkonzert Isang Yun 1996, Hannoversche Gesellschaft für Neue Musik, 1996, S. 6-10

»Friede. Ein Nachruf auf Isang Yun«, in: MusikTexte 62/63/1996, S. 79-81

Grenzräume ... Grenzzeiten, Vortrag 9.7.1997, Ms., Universität Oldenburg.

Isang Yun - Koreaner und Europäer. Untersuchungen über sein Gesamtwerk, Vortrag 15.7.1997, Ms., Universität Bremen

Musik als Lebensgefühl, Vortrag 28.2.2000, Ms., Galerie Himmelreich, Magdeburg

Der Kopf ist rund, wie die Erde!, Vortrag 12.8.2006, Ms., Internationales Musikinstitut Darmstadt (Symposium Interkulturelle Spuren im zeitgenössischen Komponieren)

Von allen Furien gehetzt oder der kürzeste Weg zu sich selbst, Vortrag 10.2.2007, Ms., Akademie der Künste, Berlin (Symposium Umwege - Ästhetik und Poetik exzentrischer Reisen)

Schriften über Erwin Koch-Raphael

Bosse, Henning: Studiogespräch mit Erwin Koch-Raphael, Offener Kanal 19.5.1994

Bosse, Hennig: »Erwin Koch-Raphael – Das Komponieren der unerträglichen Stille«, in: Lounge, 3/1997, S. 36-39

»Die Utopie des neuen Raums. Gipfeltreffen mit Vertretern der elektronischen Kunst und Kultur«, in: Keys Nr.1/91, München 1991

Ehrler, Hanno: Der Kopf ist rund wie die Erde, Portraitsendung, Ms., DLF Köln, 20.6.2009

Ehrler, Hanno: Ein Blick von ganz weit außen, Portraitsendung, Ms., BR, 4.2.2016

Ehrler, Hanno: »Erwin Koch-Raphael«, in: Komponisten der Gegenwart, 59. Nachlieferung, München 2017

Emigholz, Marita: »Fransen am Rande des Gesichtsfelds. Ein Gespräch mit dem Komponisten Erwin Koch-Raphael«, in: Neue Zeitschrift für Musik, 12.1992, S. 38-40

Emigholz, Marita: Übergänge, Musik in Grenzräumen, Ms., Nordwestradio NBR, 9.2.2004

Emigholz, Marita: Erwin Koch-Raphael: composition no. 45, Atlas der Moderne, Ms.; WDR, 19.6.2006

Emigholz, Marita: Figura con variazioni – Marita Emigholz im Gespräch mit dem Komponisten Erwin Koch-Raphael, Portraitsendung, Ms., Nordwestradio NBR, 21.6.2010

Euler, Roswitha: »Erwin Koch-Raphaels ›Kassandra-Skizzen‹ in Bremen uraufgeführt«, in: Noten und Notizen, hrsg. von Hannoversche Gesellschaft für Neue Musik 23/1998, S. 12-15

Euler, Roswitha: »composition no. 53: Suite concertante«, in: Programmbuch »Festkonzert für Erwin Koch-Raphael«, Redaktion Roswitha Euler, Oktober 1999, S. 27-35

Fürst-Heidtmann, Monika: Singende Strukturen – der Komponist Erwin Koch-Raphael, Portraitsendung, Ms., RB, 17.5.1992

Fürst-Heidtmann, Monika: Verlebendigung von Abstraktem – der Komponist Erwin Koch-Raphael, Ms., Portraitsendung SFB, 1992

Fürst-Heidtmann, Monika: »Verlebendigung von Abstraktem – der Komponist Erwin Koch-Raphael, in: Noten und Notizen, hrsg. von Hannoversche Gesellschaft für Neue Musik, 12.1993, S. 15-21

Fürst-Heidtmann, Monika: »Wovon man nicht sprechen kann, darüber muss man singen. Der Komponist Erwin Koch-Raphael«, in: MusikTexte, 54/1994, S. 11-24

Fürst-Heidtmann, Monika: »composition no. 50. Streichtrio für Isang Yun«, in: Programmbuch »Festkonzert für Erwin Koch-Raphael«, Redaktion Roswitha Euler, Oktober 1999, S. 7-11

Fürst-Heidtmann, Monika: »Seismograph der Zeit – der Komponist Erwin Koch-Raphael«, in: Programmbuch »Festkonzert für Erwin Koch-Raphael«, Redaktion Roswitha Euler, Oktober 1999, S. 14-20

Fürst-Heidtmann, Monika: »Unterwegs in Grenzräumen«, in: Neue Zeitschrift für Musik, 5/2005, S. 60-61

Jahn, Hans-Peter: Musik kommentiert, Bach: Wohltemperiertes Klavier, Ms., SWR, 5.7.2008

Schalz-Laurenze, Ute: »Zahllose farbige Lichter ...«, in: Programmbuch »Festkonzert für Erwin Koch-Raphael«, Redaktion Roswitha Euler, Oktober 1999, S. 22-25

Sparrer, Walter-Wolfgang: Musikalisches Denken in dieser Zeit – der niederrheinische Komponist und Isang-Yun-Schüler Erwin Koch-Raphael, Portraitsendung, Ms., Deutsche Welle, 10.9.1982

Sparrer, Walter-Wolfgang: Tanz der Masken – Portrait des niederrheinischen Komponisten Erwin Koch-Raphael, Portraitsendung, Ms., DLF Köln, 18.1.1989

Staff, Heike: »Was also kann man mit dem Computer ausdrücken? Aus Gesprächen mit dem Komponisten Erwin Koch-Raphael«, in: mediagramm, 8/1992, S. 11

Winkler-de Lates, Nina: »Maschinenkunst«, in: Intercity – Das Magazin der Bahn, 12/1992, S. 30-31

Discografie

»composition no. 46« für Flöte und zehnstimmigen gemischten Chor oder 10 Solo-stimmen (1994): ORF-Chor; Erwin Ortner; Carin Levine (Fl.). – Österreichischer Rundfunk, Musikprotokoll MP94 ORF 12 (CD 1994)

»composition no. 55 (concertino)« für Violine und Ensemble (2000): Ensemble Musica Viva Hannover, Hans-Christian Euler; MinJung Kang (Vl.). – edition zeitklang ez-33031 (CD 2008)

»composition no. 60 (shôgo/noonday)« für Koto und Renaissanceblockflöte, Teile I bis III (2005): Makiko Goto (Koto); Jeremias Schwarzer (Renaissanceblocklföte). – NEOS 11010 (CD 2011)

»Anflug« für Akkordeon und Schalmei (2010): Mixtura (Margit Kern, Katharina Bäuml). – Genuin GEN 11219 (CD 2011)

auf YouTube sind verfügbar:
»composition no. 71 (tartans.variations)« für Flöte, Bassflöte und Klavier.
»composition no. 74 (I told you)« in remembrance of Amy Winehouse für Klavier-trio.

Abbildungsnachweis

Privat: 12, 30, 33, 41, 48, 53, 89

Hanno Ehrler: Umschlag, 15, 20, 86, 124, 126

Matthias Bahr: 59

Ele Hermel: 95

Jean-Pierre Dalbéra: 112

ESA/Hubble & NASA: 142

Abdruck von Partiturseiten auf den Seiten 81 und 92 mit freundlicher Genehmigung des Verlags Boosey & Hawkes.